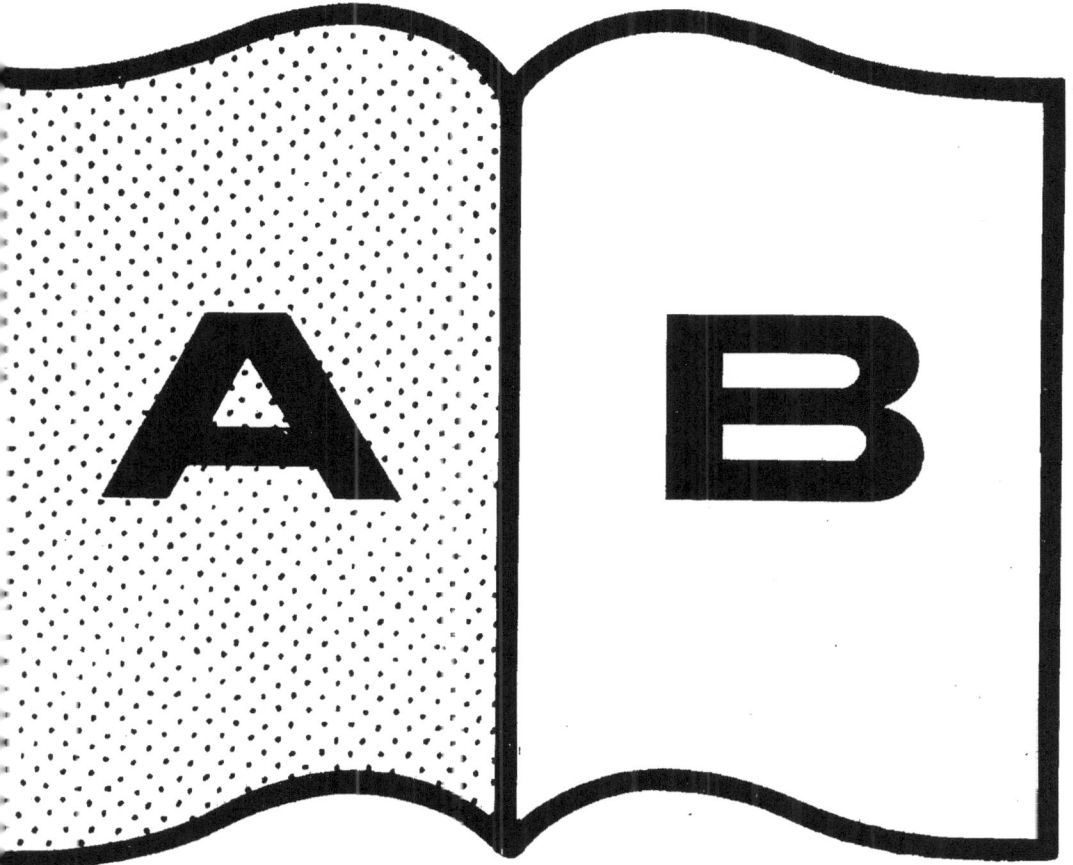

Contraste insuffisant

NF Z 43-120-14

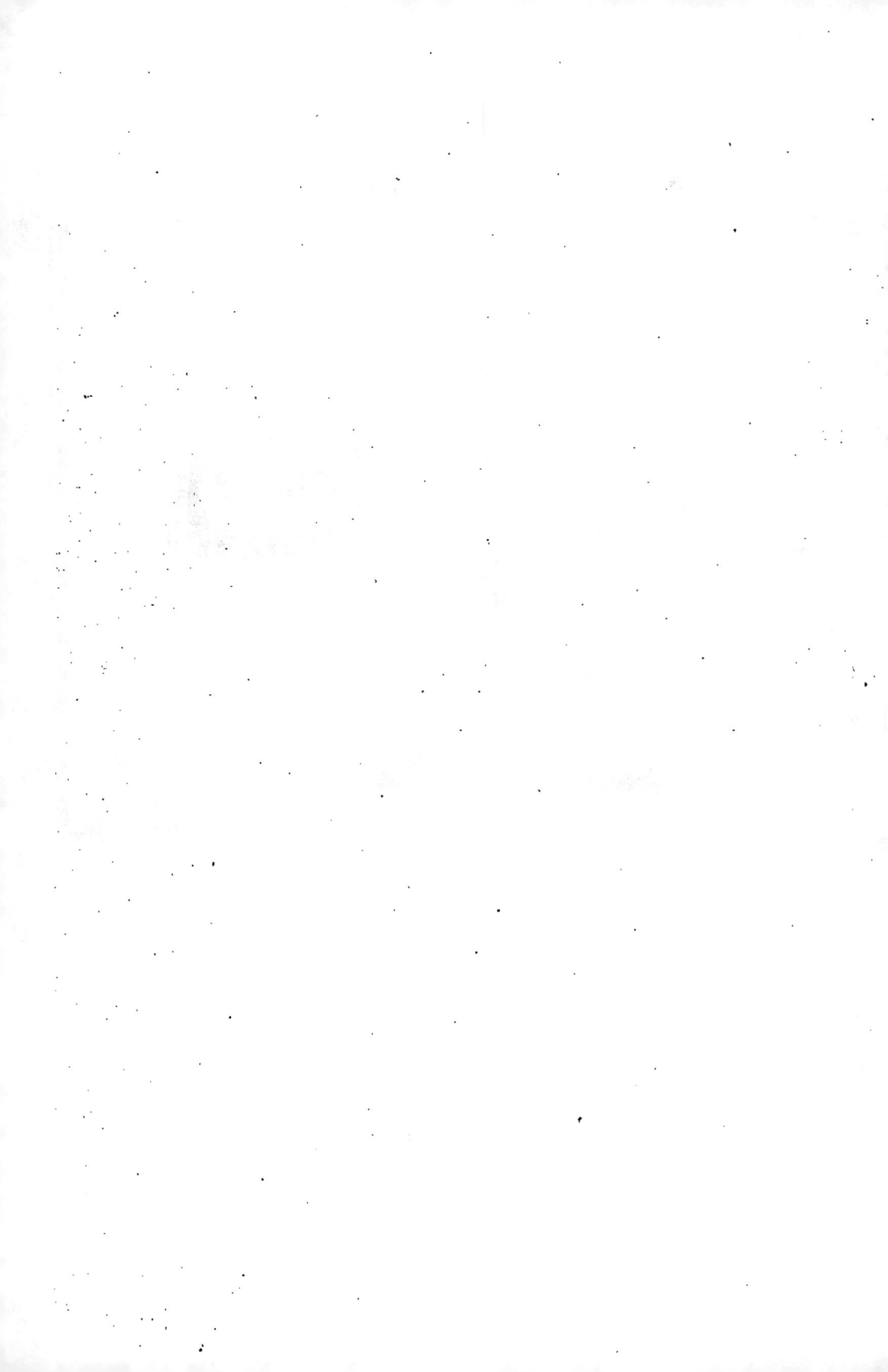

OPÉRATIONS

DE LA

COLONNE JOFFRE

AVANT ET APRÈS

L'OCCUPATION DE TOMBOUCTOU

Rapport de M. J. JOFFRE

LIEUTENANT-COLONEL DU GÉNIE

AVEC TROIS PLANCHES HORS TEXTE

BERGER-LEVRAULT & Cⁱᵉ, LIBRAIRES-ÉDITEURS

PARIS | NANCY

RUE DES BEAUX-ARTS, 5 | RUE DES GLACIS, 18

1895

OPÉRATIONS

DE LA

COLONNE JOFFRE

AVANT ET APRÈS

L'OCCUPATION DE TOMBOUCTOU

Rapport de M. J. JOFFRE

LIEUTENANT-COLONEL DU GÉNIE

AVEC TROIS PLANCHES HORS TEXTE

BERGER-LEVRAULT & Cie, LIBRAIRES-ÉDITEURS

PARIS	NANCY
RUE DES BEAUX-ARTS, 5	RUE DES GLACIS, 18

1895

Extrait de la *Revue du Génie militaire*.

OPÉRATIONS DE LA COLONNE JOFFRE

AVANT ET APRÈS

L'OCCUPATION DE TOMBOUCTOU

Publié avec l'autorisation du Ministre des colonies.

PRÉAMBULE

Composition de la colonne.

La colonne n° 2 a été constituée à Ségou par ordre du commandant supérieur, en date du 25 décembre 1893, avec la composition et les effectifs ci-après :

1 chef de bataillon,

7 capitaines, 9 lieutenants ou sous-lieutenants (dont 2 indigènes), 1 interprète,

380 hommes de troupe (dont 352 indigènes),

42 conducteurs et 662 auxiliaires (porteurs et domestiques),

183 chevaux et 18 mulets.

Les besoins de la colonne en mil et en riz étaient considérables, à cause du grand nombre de chevaux et de mulets qu'elle comprenait ; les approvisionnements ont dû en être souvent renouvelés en route. Cette obligation a parfois ralenti la marche de la colonne, à cause de la difficulté de rassembler rapidement une grande quantité de grains dans un pays pauvre et souvent hostile. La ration a été plusieurs fois réduite. On a pu se procurer en route une grande quantité de moutons qui ont permis d'augmenter la ration de viande fraîche lorsque les quantités des autres denrées étaient diminuées.

Sa mission.

La colonne avait pour mission de se porter sur Tombouctou par la rive gauche du Niger, en passant par Sansandig, Monimpébougou, Nampala, lac de Kabara, Soumpi et Goundam.

Sur la première partie de la route, elle devait affirmer notre autorité sur le pays et envoyer à Sokolo, à Djenné ou à Sansandig ceux des chefs de villages relevant des deux premiers cercles ou de Mademba fama de Sansandig, qui avaient encore à faire personnellement leur soumission ou qui avaient des questions litigieuses à faire trancher.

Sur la deuxième partie, du lac de Kabara à Tombouctou, elle devait prendre possession du pays, habité par des populations jusqu'alors indépendantes de nous, et dont quelques-unes nous étaient probablement hostiles. Elle devait, à cet effet, emmener les chefs de ces contrées à Tombouctou, où le colonel Bonnier se rendait par voie fluviale pour procéder à l'organisation du pays.

CHAPITRE PREMIER

MARCHE SUR TOMBOUCTOU

De Ségou à Télé (141,8 km).

La journée du 26 décembre a été consacrée à l'organisation de la colonne, et celle du 27 au passage du fleuve devant Ségou. Le passage s'est effectué au moyen des pirogues du poste. Il a été très long à cause du grand nombre de chevaux qui ont tous traversé à la nage, la tête soutenue par les pirogues. Il n'a été terminé qu'à 9ʰ du soir.

Depuis Ségou (rive gauche) jusqu'à Nono (80 km), la marche a eu lieu dans des conditions normales, sur un chemin tracé, dans des pays connus. Toutefois, à Monimpébougou, le village a mis une grande lenteur, presque de la mauvaise volonté, à fournir les vivres qui lui ont été demandés : 3 tonnes de mil et 50 moutons. Il a fallu envoyer dans le village une section en armes pour réunir les approvisionnements.

De Nono à Télé (61,8 km) la route habituellement suivie est en ce moment inondée. Il faut prendre, à travers la brousse, des sentiers frayés par les troupeaux. Ces sentiers nous conduisent deux fois à des mares laissées par les inondations du fleuve qui commence à se retirer, mares que nous sommes obligés de contourner, en nous frayant à la hache un chemin à travers des taillis épais. Nous arrivons à Télé le 3 janvier, après deux jours de marche, sans avoir trouvé une seule habitation.

De Télé à Oudiabé (112,5 km).

De Télé, un chemin va directement à Soumpi, en passant par les ruines de Gardio et par Diartou. Ce chemin est entièrement sous l'eau et on ne peut pas songer à le prendre bien qu'il soit de beaucoup le plus court. D'un autre côté, on ne peut pas suivre les bords des inondations du Niger, qui sont en ce moment en décroissance. On serait constamment tenu à une certaine distance de l'eau par la vase détrempée que laisse l'eau dans cette région. Il faudrait en outre faire de grands et nombreux détours pour contourner les bords de l'inondation, qui s'étend dans les thalwegs beaucoup plus loin que dans les parties élevées du terrain. On allongerait ainsi notablement le chemin à parcourir. Du reste, ce pays est désert et on n'y trouve pas de guide qui puisse, en conduisant directement d'une tête d'inondation à la suivante, permettre d'éviter les nombreux rentrants de l'eau et réduire ainsi au minimum la distance à franchir.

Force est donc de suivre le sentier suivi par les voyageurs du pays et qui passe par Dioura, à 41,5 km, par le puits de Boulavi, 37 km plus loin, et aboutit à Oudiabé, à 34 km. Ces trois points sont les seuls de la route où on trouve de l'eau.

La distance de Télé à Dioura est franchie de 4ʰ15 du soir à 10ʰ30 du matin, avec un repos de 7ʰ30 aux ruines de Niarniardé, où l'on passe la nuit. Au village de Dioura, 4 puits donnent de l'eau en quantité suffisante pour tous les besoins.

A Boulavi, on ne trouve qu'un puits de 60 m de profondeur donnant seulement 15 litres d'eau toutes les 5 minutes avec les moyens dont on dispose. Arrivés à 1ʰ40 du soir, nous repartons le lendemain à 4ʰ15 du matin, et bien qu'on ait puisé de l'eau toute la nuit, on n'a pu donner aux hommes de troupe et aux animaux qu'une très faible ration d'eau. Quant aux porteurs, ils n'ont pas encore pu boire ; et, pour leur permettre de satisfaire un peu leur soif, le convoi est laissé près du puits après le départ de la colonne.

Celle-ci traverse un pays désolé, presque désert, sous un soleil brûlant. Elle arrive au village d'Oudiabé, canton de Nampala, le 7 janvier à midi 45, laissant en arrière quelques traînards épuisés de chaleur et de soif.

Afin que chacun ait de l'eau en quantité suffisante et aussitôt que possible, les troupes sont réparties dans les villages de Oudiabé, Diavambé, N'Doudi 1 et N'Doudi 2, qui possèdent chacun un puits donnant de l'eau en abondance. A 3ʰ de l'après-midi, toutes les troupes, au complet, sont installées dans leurs campements.

Des porteurs (tirailleurs de bonne volonté et habitants des villages) sont réunis en aussi grand nombre que possible et envoyés sur la route de Boulavi pour porter de l'eau au convoi. Cinq groupes de porteurs sont ainsi expédiés de 3ʰ du soir au lendemain 8ʰ du matin (150 porteurs au total).

Le convoi parti le 7 à midi 30 de Boulavi a dû s'arrêter entre 1ʰ30 et 4ʰ pour éviter la grosse chaleur ; il n'avait fait à la nuit qu'une dizaine de kilomètres. Reparti le lendemain à 6ʰ30 du matin, il a pu arriver à Oudiabé à 3ʰ du soir, grâce aux convois d'eau qu'il a trouvés échelonnés sur la route.

Cette privation d'eau pendant une longue route faite par une forte chaleur a beaucoup fatigué les troupes et épuisé bon nombre de porteurs. Il est nécessaire de les laisser reposer : la colonne reste dans ses campements jusqu'au 10. Ce temps est d'ailleurs nécessaire pour reconstituer les approvisionnements entièrement consommés. Les troupes trouvent, dans les villages où elles sont campées, les grains nécessaires à leur subsistance. Mais de Oudiabé à Soumpi, premier lieu habité que nous rencontrerons, il y a six fortes étapes ; il est nécessaire d'emporter au moins six jours de vivres, soit 9 tonnes de grains.

Dès notre arrivée, Ibrahima Ahmady, chef du canton de Nampala, a été requis de nous fournir ces approvisionnements. C'est le successeur d'El Hadj Bougouni, ancien chef du pays, qui s'est déclaré notre ennemi et fait manifestement cause commune avec les Touareg (tribu des Kel-Antassar), chez lesquels il s'est réfugié. Ibrahima, nommé par le commandant du cercle de Sokolo, n'a encore que peu d'autorité sur ses chefs de village. Après 24 heures de démarches, il est obligé d'avouer son impuissance à réunir les approvisionnements et demande qu'une troupe en armes l'aide à remplir sa tâche. Une section de tirailleurs l'accompagne alors dans les divers villages de son canton, qui, à la seule vue de nos soldats, fournissent les vivres demandés.

De Oudiabé à Soumpi (182 km).

Le 10 janvier, le convoi est reconstitué, les troupes sont suffisamment reposées, la colonne quitte ses campements à 5ʰ du soir. La route de Oudiabé à Soumpi passe par Diabata, Léré, Manguirma et Diartou. La crue du Niger, exceptionnelle cette année, l'a entièrement recouverte d'eau ; et, tandis qu'aux environs de Léré les eaux commencent à baisser, le niveau s'élève encore à partir de Diabata.

C'est à Gallou que nous rencontrons les inondations, et depuis ce point, nous ne les quittons plus jusqu'au lac de Tenda. Les guides ne sont pas assez sûrs pour que nous puissions aller directement d'une tête d'inondation à la suivante. Nous sommes obligés de suivre constamment le bord de l'eau. En faisant autrement, nous nous exposerions à nous perdre dans le désert sablonneux qui borde les inondations et à manquer de l'eau nécessaire pour la boisson des hommes et des chevaux.

Force est donc de marcher suivant une piste très si-
nueuse, à travers un terrain sablonneux planté de mimosas généralement clairsemés, parfois assez rapprochés
pour augmenter les difficultés de la marche.

Nous arrivons à Soumpi le 16 janvier à 8ʰ20 du soir,
ayant parcouru depuis Oudiabé 182 km.

A hauteur du lac de Kabara, nous avions reçu les envoyés du chef de Diartou, venant nous porter la soumission du village. Nous avions appris là que les Kel-Antassar, informés de notre marche par les espions d'El Hadj
Bougouni, avaient quitté le pays depuis quelques jours.

Nous sommes arrivés à Soumpi le lendemain du départ
des derniers Touareg.

Après Soumpi.

Abdoulaye, chef des villages de Soumpi, Daïbougou,
Kassouna, Gamba et Diana se met sous notre protection
et consent à m'accompagner à Tombouctou pour y recevoir les instructions que lui donnera le commandant supérieur du Soudan. Il en est de même de Sididio, héritier
du canton de Aoussa-Katawal, qui comprend les cinq villages précédents et va depuis Diartou jusqu'à Niodougou.
Ce canton est en ce moment sans chef, Abdoulaye et Sididio briguant tous les deux le pouvoir. Cette question
sera réglée à Tombouctou. Assoumana, chef de Niodougou, m'accompagnera aussi dans cette ville. Tous ces chefs
nous rendront de sérieux services pendant notre marche à
travers un pays entièrement inconnu et presque désert.
Les terres fertiles du Aoussa, des cantons de Niafounké
et d'Atta sont actuellement sous l'eau ; les chemins y sont
impraticables, et la colonne devra, pour arriver jusqu'à
Goundam, contourner les lacs supérieurs, marchant presque toujours sur le sable, et sera plusieurs fois obligée de
passer par des cols montagneux d'un accès difficile.

Des guides sûrs sont nécessaires pour traverser ce pays

et les chefs que nous amenons nous serviront à trouver ces guides et à contrôler leurs renseignements.

Manière de combattre des Touareg.

Ils nous donnent aussi de précieuses indications sur la manière de combattre des Touareg. Ceux-ci, redoutant la puissance de nos armes, ne nous attendront pas de jour et n'accepteront pas le combat face à face. Mais ils épieront notre marche, ils essaieront de nous prendre quelques soldats isolés ou par petits groupes trop éloignés de la colonne. Ils tenteront surtout de nous surprendre pendant la nuit, lorsqu'ils devineront des défaillances dans notre service de garde.

Des esclaves, armés de lances, cachés derrière des buissons, montant parfois sur des arbres pour bien voir de loin, sont dispersés dans la brousse. Quelques-uns se font prendre, mais les Touareg sont bien renseignés sur notre marche. Quelques-uns d'entre eux, montés sur des chameaux aux allures rapides, se tiennent sur les points culminants d'où ils peuvent voir une grande étendue de terrain, nous voient par conséquent de très loin et vont ensuite porter leurs renseignements aux chefs. Ceux-ci sont toujours à cheval et ils évaluent la force d'une colonne surtout d'après le nombre de chevaux qu'elle contient.

Ceci explique pourquoi les Touareg ont considéré la colonne allant à Tombouctou par la voie de terre comme étant de beaucoup la plus importante. Elle comprenait les chevaux et mulets des deux colonnes, au nombre de 250 environ. — Ce grand nombre d'animaux était une cause de lourdeur et de faiblesse, à cause de la grande quantité de grain nécessaire pour sa subsistance et parce qu'il rendait le service de sûreté plus difficile. Il a été considéré comme une grande force par nos ennemis.

Notre marche.

Pour être toujours prête à combattre pendant la route, la colonne marche sur 3 files d'un homme ou d'un cheval chacune. Les spahis fournissent les pointes d'avant-garde et les flanqueurs, toujours reliés au gros et à une distance variant de 100 à 300 m, suivant que le terrain est plus ou moins couvert. Les troupes sont ainsi constamment dans la main du chef, la colonne n'ayant pas une trop grande longueur, et il n'y a aucun danger qu'un petit groupe se perde et se trouve, à un moment, assez éloigné du gros pour être exposé à un coup de main d'un parti de Touareg. Ceux-ci, ne se servant pas ou presque pas de fusils, la formation adoptée permet de s'éclairer à une distance suffisante.

Campement.

On campe toujours en carré ; et, à peu près toujours, il est possible de s'adosser à l'eau, ce qui permet de ne se garder que sur trois faces. Plusieurs fois même on peut s'installer dans une presqu'île et on n'a alors à se préoccuper que d'un seul côté.

La région parcourue contient en grande quantité des mimosas dont les bergers coupent les branches épineuses pour former les enceintes de leurs parcs à bestiaux. On trouve partout d'anciens parcs ainsi clôturés. Aussi dès qu'on arrive au campement, peut-on, en très peu de temps et sans fatigue, entourer les faces à garder d'une ligne d'abatis en épines, qui donne pendant la nuit une grande sécurité et inspire confiance aux tirailleurs. La garde est assurée par des petits postes placés, suivant le terrain, à 100 ou 200 m en avant des abatis.

Comme il faut compter avec les défaillances des tirailleurs, presque tous nouvellement enrôlés, qui résistent difficilement au sommeil, des patrouilles vont souvent visiter les petits postes et les sentinelles. Les officiers et sous-officiers européens se relèvent fréquemment, pendant la nuit, pour surveiller efficacement ce service de garde.

Ces précautions minutieuses et assujettissantes ont paru indispensables. Elles ont permis d'éviter toute surprise. Deux fois, entre Soumpi et Niodougou, et à Mékoré, les Touareg se sont approchés de notre campement pour tenter une attaque de nuit. Ils ont dû y renoncer devant la surveillance exercée par notre service de garde.

Habitants du pays.

Depuis Diartou jusqu'à Tombouctou, la population se divise en deux parties bien distinctes :

1° Les gens vivant de leur travail ;

2° Les Touareg, leurs vassaux et leurs esclaves, exploitant les premiers.

La population laborieuse est fatiguée des exactions et des violences des Touareg, qui sont devenus de plus en plus exigeants, surtout depuis que, l'année dernière, la prise du Macina leur a fait comprendre que notre arrivée allait mettre fin à leurs rapines. Elle se compose de :

Peulhs, vivant de leurs troupeaux qu'ils conduisent dans les vastes pâturages du pays ;

Bambaras et Sarakollets, se livrant à la culture du sol et récoltant du mil, du riz et du blé ;

Djennenkès, cultivant aussi le sol et faisant le commerce ;

Maures, pasteurs et commerçants.

Les Touareg ne travaillent pas. Ils ont des troupeaux confiés aux soins de leurs captifs.

Les habitants du pays leur paient de lourdes impositions régulières. En outre, ils font souvent des incursions dans les villages, où ils prennent tout ce qui leur convient : captifs, habillements, grains, troupeaux. Ils montent souvent sur leurs pirogues qui transportent des marchandises entre Tombouctou et le Macina, et ils prélèvent tout ce qu'ils veulent sur la cargaison. Les habitants, terrorisés, n'osent pas leur résister et les laissent faire.

Dans un pareil état de choses, nous n'avons qu'une seule ligne de conduite à suivre.

Rassurer la population honnête, lui faire comprendre que l'ère des rapines va prendre fin, et que chacun pourra profiter du fruit de son travail.

Elle montrera parfois au début beaucoup d'hésitation, craignant que nous ne l'abandonnions après notre passage, ayant toujours la crainte du Targui, qui deviendra plus cruel s'il revient après nous.

Mais elle finira par se donner entièrement à ceux qui lui assurent la sécurité et la jouissance tranquille du produit de son travail.

Combat de Niafounké (20 janvier).

Tout le canton de Acussa Katawal s'est mis, dès notre arrivée, sous notre protection. Il semble au début qu'il en sera de même du Niafounké. En entrant dans cette province, le 19 janvier, nous trouvons à Tondidaro deux envoyés de son chef Nioukou, qui nous font donner tout ce qui nous est nécessaire en mil et en moutons.

J'avais moi-même expédié deux agents à Niafounké pour inviter Nioukou à venir me trouver à Tondidaro. Je me proposais de le faire venir à Tombouctou.

Les deux agents reviennent le 19 au soir, amenant avec eux Babakar, neveu et héritier de Nioukou, et celui-ci me fait dire qu'il souscrira à tous les engagements que prendra son neveu.

Cependant les deux agents montrent une certaine réserve ; et, après un assez long interrogatoire qui dure une partie de la nuit, ils finissent par dire que les gens de Nioukou les ont insultés et même menacés avec leurs armes [1]. Il est nécessaire de punir une pareille attitude et la marche sur Niafounké est décidée.

Cette ville, située près du Niger, est entourée par les inondations, formant trois marigots que l'on doit traverser pour y accéder. L'un d'eux, le plus rapproché de Niafounké, a 2 km de largeur et atteint 1,20 m de profondeur en certaines parties.

Les troupes partent de Tondidaro le 20 janvier à 5h30 du matin. Une colonne mobile, sous les ordres directs du commandant, comprend la 10e compagnie de tirailleurs soudanais (capitaine Cristofari), une section de 80 de montagne et un peloton de l'escadron de spahis soudanais. Elle marche sur Niafounké, suivie immédiatement par le reste de la colonne, qui s'arrête et campe devant le premier marigot, sous les ordres du capitaine Prost.

Les chevaux tentent en vain de franchir le premier marigot, qui est le moins difficile. Ils s'enfoncent dans la vase et nous sommes obligés de les laisser avec l'artillerie au campement du capitaine Prost.

La compagnie d'infanterie continue la marche. A 11h25, le passage du 3e marigot est terminé. A 11h50, nous sommes devant Niafounké, à 800 m environ, sur un plateau d'où l'on découvre bien la ville et ses abords.

Les guerriers sont en ligne devant le village, au nombre de 400 environ. Leurs griots les excitent au combat par leurs chants.

Le 1er peloton se porte en avant et ouvre le feu, le 2e peloton restant en réserve. Dès notre premier feu de salve, les gens de Niafounké s'élancent en avant et courent sur nos lignes. Un groupe de cavaliers se détache au galop et essaie de nous envelopper sur notre droite. Le lieutenant Frèrejean, avec une section, fait face à droite, se porte rapidement sur une arête de terrain d'où il découvre bien

---

1. J'ai su depuis que ce changement dans l'attitude des gens de Niafounké était dû à la nouvelle du combat du 15 janvier qui venait de leur parvenir, combat dans lequel le colonel et son état-major avaient été tués.

les cavaliers ennemis et les arrête net avec ses feux de salve.

L'attaque de front est aussi arrêtée par les feux de salve du 1er peloton, bien qu'elle ait été menée avec une grande vigueur. Un certain nombre d'hommes sont venus se faire tuer jusqu'à 25 m de nos lignes. En moins d'un quart d'heure, tous les ennemis sont en fuite, laissant une centaine de morts sur le terrain. La poursuite est impossible, la cavalerie n'ayant pas pu venir avec nous. Nioukou, quoique blessé au bras, parvient à s'échapper.

Deux sections vont fouiller les maisons abandonnées par tous les hommes valides. Elles ramènent un grand nombre de femmes et d'enfants qui n'ont pas eu le temps de s'enfuir de l'autre côté du fleuve, à cause de l'insuffisance du nombre des pirogues, et qui sont rassemblées en dehors du village. On leur explique que nous étions venus pour châtier leurs guerriers de l'insulte qu'ils nous avaient adressée, mais que nous n'en voulions pas aux faibles qui étaient sans défense[1]. La colonne les laisse en conséquence à Niafounké, d'où elle part à 4h15 du soir pour rentrer à 6h au campement occupé par le capitaine Prost. Nous n'avons fait aucune perte dans cette affaire.

Marche sur Mékoré et Atta.

Des bergers que nous trouvons sur notre route sont envoyés à Ali-Habana, chef du canton d'Atta, pour l'inviter à venir à Mékoré, trouver le commandant de la colonne. Le village de Mékoré est près de la route qui nous conduit à Goundam. La visite d'Ali-Habana aurait l'avantage de permettre le règlement des diverses questions que nous

---

1. Nous avons su depuis que Nioukou, réfugié à Arabébé, avait voulu y faire venir les femmes avec leurs enfants. Celles-ci avaient refusé de se déplacer disant que, contrairement aux habitudes des noirs, nous ne leur avions fait aucun mal. Les habitants sont en conséquence revenus à Niafounké, et le dépeuplement de cette riche contrée a été ainsi évité.

avons à traiter, tout en n'allongeant pas sensiblement notre marche sur Goundam.

Le 24 janvier, le capitaine Pouydebat, un peloton d'infanterie et les spahis auxiliaires sont laissés à la garde du convoi, près du campement dans lequel on a passé la nuit sur le bord du lac de Fati. Le reste de la colonne se dirige sur Mékoré, situé 12 km plus loin sur le bord du même lac.

A peine sommes-nous en route que deux envoyés d'Ali-Habana nous portent une lettre de leur chef, par laquelle il déclare accepter le rendez-vous à Mékoré. Ils nous demandent en même temps quels sont la quantité de grains et le nombre de moutons dont nous avons besoin pour qu'il nous les fasse conduire à Mékoré.

Ils disent qu'Ali-Habana est très vieux, qu'il peut difficilement se déplacer, et demandent si son fils ne pourrait pas le remplacer.

Deux de nos envoyés partent avec eux pour porter notre réponse, dans laquelle j'insiste pour qu'Ali-Habana vienne lui-même, tout en acceptant cependant son remplacement par son fils, s'il est impossible de faire autrement.

Nous arrivons à 8ʰ15 au village de Mékoré, que nous trouvons à peu près abandonné. A midi, de nouveaux envoyés d'Ali-Habana nous apportent quelques cadeaux et les compliments de leur chef. Ils pensent que celui-ci va venir, mais quand ils ont quitté Atta, il n'avait pas encore reçu nos émissaires.

A 2ʰ du soir, rien n'est encore venu et la colonne se met en marche sur Atta. Elle était depuis peu en route quand nos émissaires sont revenus, disant qu'Ali-Habana venait à Mékoré avec tout ce qui lui était demandé. Un assez grand nombre de ses gens les accompagnent.

Nos agents, dont j'ai maintes fois apprécié le dévouement et la fidélité, affirment qu'Ali-Habana vient à Mékoré, où il ne peut pas arriver avant 6ʰ, obligé d'aller en pirogue à cause de son âge avancé, et que notre marche sur Atta terrifiera les habitants. La colonne reçoit alors l'ordre de rentrer au campement de Mékoré.

A minuit, Ali-Habana n'est pas encore venu et on nous informe que ses gens, qui étaient venus à Mékoré pour y rassembler les approvisionnements, se sont enfuis. La marche sur Atta est alors décidée.

L'escadron de spahis part à 2ʰ45 du matin (25 janvier), laisse le peloton du Laurens à Korango et arrive à Atta à 6ʰ. L'infanterie et l'artillerie quittent Mékoré à 4ʰ50 et s'arrêtent à hauteur de Korango à 8ʰ du matin, les renseignements envoyés par le capitaine Prost faisant connaître que l'escadron est assez fort pour accomplir sa mission à Atta. Tous les villages sont abandonnés par leurs habitants, mais nous y trouvons une quantité considérable de grains, qui nous permet de ravitailler le convoi, en ce moment complètement dépourvu d'approvisionnements. Malheureusement nous ne pouvons pas nous procurer de pirogues, dont nous aurons peut-être besoin pour le passage du marigot de Goundam. Les habitants sont partis avec toutes celles qu'ils avaient, emportant tout ce qu'ils ont pu dans les îlots situés au milieu des inondations du Niger, où nous ne pouvons pas les atteindre faute d'embarcations.

L'escadron de spahis rentre à 7ʰ du soir au campement de Mékoré, où il passe la nuit, l'heure étant trop avancée pour aller plus loin.

Le reste de la colonne arrive au campement Pouydebat à 6ʰ15 du soir.

Marche sur Goundam.

Le peloton de tirailleurs (lieutenant Maillac) et les spahis auxiliaires, qui n'ont pas marché depuis deux jours, partent à minuit sous les ordres du capitaine Pouydebat, pour aller surprendre à Goundam les pirogues qui

servent au passage du marigot. Ils arrivent à 5ʰ30 du matin en face de la ville, sur la rive gauche du marigot.

Mais ils trouvent les Touareg rassemblés sur l'autre rive et entourant la ville. Les pirogues ont été détruites. Le marigot, dans sa partie la plus étroite, a 300 m de largeur et le courant est très rapide.

Les meilleurs nageurs se mettent à l'eau pour voir si l'on ne pourra pas, en faisant appel à tous les nageurs, faire franchir le marigot par un groupe assez fort et occuper un point de l'autre rive. Ils sont emportés par le courant et sont obligés de revenir rapidement au bord, n'ayant pu traverser que sur une largeur insignifiante.

Le gros des troupes rejoint le détachement Pouydebat le 26 janvier à 4ʰ du soir, et l'escadron de spahis arrive le lendemain à 8ʰ du matin.

Les reconnaissances faites dans les environs et les renseignements recueillis ne laissent aucun doute sur l'impossibilité de trouver un autre point de passage.

Il faut traverser le marigot à Goundam et, pour cela, se procurer des pirogues.

Expédition de Tendirma.

Une colonne légère composée de l'escadron de spahis et de la demi-compagnie Puypéroux est placée sous les ordres du capitaine Prost.

Elle part le 27 à 6ʰ du soir avec mission de se porter à Tendirma par la route qui longe le versant est de la montagne de Fati, de façon à éviter les villages situés sur le bord du lac du même nom. Tendirma étant assez éloigné de l'emplacement où se trouve actuellement la colonne, il y a des chances pour que les habitants y soient encore, au moins en partie, avec quelques pirogues.

Le détachement Prost arrive à Tendirma à 4ʰ du matin, ayant marché toute la nuit. Le village est presque entièrement abandonné. On y trouve cependant trois pirogues utilisables et des somonos pour les faire marcher.

Les habitants de Tendirma et des autres villages du canton d'Atta sont réfugiés dans une île située à 700 m environ de Tendirma. Ils y ont transporté une partie de leurs grains et de leurs troupeaux. On met aussitôt en état les trois pirogues saisies ; le capitaine Puypéroux, le lieutenant Robillot, avec une vingtaine de tirailleurs et de spahis, montent à midi en pirogues et se dirigent sur l'île. Ils sont reçus à coups de fusil et répondent par quelques feux de salve qui tuent 25 à 30 hommes du parti ennemi. Celui-ci se disperse et s'enfuit dès que nous débarquons. Nous avons eu de notre côté un tirailleur blessé d'un coup de feu.

La demi-compagnie Puypéroux passe tout entière sur l'île et s'occupe de réunir les grains nécessaires pour l'approvisionnement de la colonne. Une quatrième pirogue est saisie et la matinée du 29 est employée à transporter à Tendirma les approvisionnements trouvés la veille dans l'île.

Tout le détachement Prost, amenant ces approvisionnements ainsi que 750 moutons et chèvres, arrive le 30 au soir à la tête du lac de Fati, où on conduit également les pirogues.

Le 31, il se dirige sur Goundam, suivi par les quatre pirogues chargées sur 200 porteurs qui arrivent à 5^h du soir au campement de la colonne.

Passage du marigot de Goundam.

La vue des pirogues produit une grande émotion sur les Touareg. On entend une grande clameur s'élever de leurs campements. Ils se dirigent en masse sur l'isthme d'une presqu'île située en face de notre campement, et qui est indiquée comme point de débarquement lorsque nous traverserons le fleuve. Les deux canons de 80 de montagne et un peloton d'infanterie sont disposés sur notre rive et ouvrent le feu sur ces bandes, qui perdent quelques hommes et ne tardent pas à se disperser. Pendant toute la nuit, les Touareg s'enfuient vers le Nord, emportant tout ce qu'ils peuvent et dépouillant les habitants de Goundam de presque tous leurs vivres. Le 1er février au matin, quand nous commençons le passage du marigot, les derniers Touareg quittent Goundam.

Les 4 pirogues, pendant le transport par terre, ont subi quelques dégradations : on les répare.

Elles sont à flot le 1er février à 8^h du matin, et le passage du marigot commence aussitôt. Il est arrêté à 8^h du soir, la violence du courant ne permettant pas de continuer sans danger pendant la nuit, qui est très obscure. A ce moment, la compagnie Cristofari, un peloton de spahis et l'état-major sont sur l'autre rive.

Une lettre du capitaine Philippe, reçue à 11^h du matin, nous annonce l'arrivée à Goundam par eau de la flottille, d'une compagnie et demie de tirailleurs et d'une section de 80 de montagne. Elle nous apprend la douloureuse nouvelle du combat de « Tacoubâo » (15 janvier).

Le lieutenant de vaisseau Boiteux a fait marcher sa flottille jour et nuit afin d'arriver plus vite. Il est à Goundam le 2 février à 2^h 1/2 du matin. Avec les deux chalands et les pirogues qu'il a amenés, il contribue à la traversée du marigot, qui est terminée le 3 février à midi. Les troupes commandées par le capitaine Philippe sont arrivées le 2 février à la tombée de la nuit.

Marche sur Farasch.

Une colonne de marche est constituée avec 2 compagnies et demie de tirailleurs, 2 sections de 80 de montagne et l'escadron de spahis. Le convoi, un peloton de tirailleurs, les spahis auxiliaires et la flottille sont laissés à Goundam.

La colonne se dirige le 4 vers Farasch, à 50 km au Nord, où les Touareg se sont réfugiés.

Elle va camper le soir à Karao-Kamba, après avoir parcouru un chemin difficile à travers un terrain très accidenté. A la nouvelle de notre marche, les Touareg quittent Farasch pour aller à Oum-el-Djérane, à 4 étapes au Nord-Est. Les chemins sont très difficiles ; les porteurs, exténués par la longue et rapide marche qu'ils ont faite de Ségou à Goundam, ne suivent qu'à grand'peine : quelques-uns tombent en route sans pouvoir se relever. Enfin les vivres vont être épuisés et nous ne pourrons les renouveler qu'à Tombouctou. Pourrions-nous d'ailleurs aller jusqu'à Oum-el-Djérane, que les Touareg ne nous y attendraient pas. Ils continueraient leur fuite vers le Nord, nous gagnant de vitesse.

Le retour à Goundam est en conséquence ordonné. Nous y arrivons le 6 février au matin.

Utilité d'un poste à Goundam.

Les habitants de cette ville avaient fait leur soumission le 1er février, aussitôt après le départ des Touareg. Étroitement surveillés par ceux-ci, il leur avait été impossible de venir plus tôt à nous. Ils espèrent que notre arrivée sera l'ère de leur délivrance : qu'ils n'auront plus à subir les pillages, la violence et même les meurtres auxquels ils étaient constamment en butte. Ils nous demandent instamment de laisser un poste à Goundam pour les protéger.

La position de Goundam a une grande importance. C'est le seul point où l'on puisse traverser le marigot. Maîtres de ce point, nous empêcherions les Touareg de venir dans les fertiles villages du Killi et du Kissou, où ils s'approvisionnent en grains, et de laisser leurs troupeaux sur les bords des inondations du Niger, où ils se tiennent constamment. Enfin il nous serait facile de surveiller les riches cantons d'Atta et de Niafounké, dont nous interdirions l'accès aux Touareg, leur fermant ainsi tout débouché sur le fleuve et les empêchant par conséquent d'exercer leur piraterie contre les pirogues du commerce.

Malheureusement nous n'avons plus d'approvisionnements et Goundam, pillé par les Touareg, ne peut donner pour nos soldats que la subsistance de quelques jours : dans ces conditions, on ne pourrait installer le poste de Goundam qu'à la condition de le ravitailler aussitôt après notre arrivée à Tombouctou. Mais, d'un autre côté, j'ai appris par le capitaine Philippe que je vais trouver à Tombouctou des dépêches me rappelant à Kayes, donnant le commandement au capitaine le plus ancien, prescrivant de se borner à l'occupation de Tombouctou et à faire des patrouilles de police autour de la ville ; faisant même prévoir la possibilité d'une évacuation. Dans ces conditions d'incertitude, je ne crois pas pouvoir ordonner la création du poste de Goundam, qu'il faudra peut-être évacuer un jour, au grand préjudice des habitants, qui seront alors exposés aux représailles des Touareg. Ceux-ci, d'ailleurs, sont loin dans le Nord, ils ont peur de nos troupes et il nous sera toujours facile, si les instructions du Gouvernement le permettent, de revenir plus tard à Goundam.

De Goundam à Tombouctou.

Le 7 février, la colonne marche vers Tombouctou par la voie de terre en suivant le bord des inondations. Le convoi est placé dans les pirogues et suit le marigot, escorté par la flottille renforcée d'un peloton de tirailleurs.

Le 8 au soir, nous arrivons près de Tacoubâo, au lieu du combat du 15 janvier. La matinée du 9 est consacrée à la reconnaissance des corps que nous trouvons sur place.

11 officiers et 2 sous-officiers européens avaient disparu. Leurs corps sont tous retrouvés.

Nous trouvons aussi les corps de 64 indigènes qui sont enterrés sur place.

Les restes des Européens sont recueillis et transportés à Tombouctou pour y être inhumés.

Nous arrivons enfin à Tombouctou le 12 février à 1^h. La flottille et le convoi y étaient depuis le 10.

Pendant la longue marche de Ségou à Tombouctou, la colonne a perdu deux tirailleurs morts de maladie et a eu un autre tirailleur blessé (ce dernier actuellement guéri).

Elle a parcouru une distance de 813 km, y compris les 77,5 km des marches sur Niafounké, Atta et Karao-Kamba.

CHAPITRE II

OCCUPATION DE LA RÉGION

Les troupes, fatiguées, ont besoin de repos. Il est nécessaire de les remettre à faire l'exercice pendant quelque temps. Elles sont composées de jeunes soldats, incomplètement formés, qu'il faut reprendre en main.

D'un autre côté, nous sommes dans un pays presque complètement inconnu, sur lequel il faut prendre des renseignements précis. Les tribus touareg ont fui devant nos troupes, leur laissant le passage libre et se mettant hors de leur atteinte. Notre marche et notre entrée à Tombouctou ont été une prise de possession incontestée du pays. Il faut maintenant quelque temps pour que les tribus, neutres jusqu'ici, viennent faire leur soumission. Il faut aussi laisser aux tribus touareg qui nous ont combattu le temps de se désorganiser dans le pays sans ressources où elles se sont réfugiées, et où, avec nos moyens actuels de transport, nous ne pouvons pas les atteindre. Cette désorganisation ne tardera pas d'ailleurs à se produire, si nous les empêchons de venir dans les fertiles contrées du Killi et du Kissou (comprises entre Tombouctou et Goundam), qui étaient leur propriété et desquelles elles tiraient leur subsistance.

La première chose à faire est d'installer les troupes à Tombouctou. En arrivant dans cette ville, je trouve toutes les dépêches adressées au commandant supérieur et au commandant Hugueny. Elles contiennent pour moi l'ordre de rentrer à Kayes pour reprendre la direction du chemin de fer. Mais quand ces instructions ont été envoyées, on ne connaissait pas la nouvelle du combat du 15 janvier ni ses tristes conséquences. J'estime que, dans les circonstances où nous nous trouvons, mon devoir est de rester, et, officier le plus élevé en grade, je prends le commandement de toutes les troupes et de la flottille. Cette manière de voir est confirmée par le gouverneur qui, par dépêche n° 251 du 13 février, me charge du commandement supérieur de Tombouctou.

Fort Bonnier.

Il importe que les troupes soient installées dans les meilleures conditions possibles de façon à pouvoir, dans leurs casernements, se reposer des fatigues qu'elles auront à subir toutes les fois qu'elles devront faire une expédition.

Un fort dont le croquis ci-joint (pl. III) donne le plan d'ensemble, est commencé quelques jours après notre arrivée avec les ouvriers et les matériaux que fournissent Tombouctou et tous les villages du Kissou. Ce fort peut loger toutes les troupes et il suffit, pour le garder, de deux sections placées chacune dans un des deux blockhaus qui assurent son flanquement ; situé au sud de la ville, près du port de débarquement, il est maître de ses communications avec le fleuve. Il commande la ville, dont il est séparé par une zone de protection de 50 m. Le capitaine Aurenche, de l'artillerie de marine, chargé de la direction des travaux, les a poussés très activement. Et actuellement, le mur d'enceinte en terre, d'une hauteur de 3 m, et les tambours flanquants sont achevés. Un vaste magasin pouvant contenir plus de 600 tonnes, des logements pour tous les Européens, et des abris provisoires pour les indigènes sont construits où aménagés dans l'intérieur du fort.

Cet ouvrage reçoit le nom de fort Bonnier, en l'honneur de l'héroïque victime du combat du 15 janvier.

Blockhaus de Kabara.

Un marigot partant de Koriumé et passant par Kabara permet aux pirogues d'aller du fleuve au port de Tombouctou. Jusqu'à notre arrivée, la flottille est restée à Kabara, et les communications de Tombouctou au fleuve ont été ainsi assurées. Pour ne pas immobiliser les bateaux d'une façon permanente, un blockhaus dont le plan est ci-joint (fig. 1) a été construit à Kabara avec les ouvriers de Tombouctou. Cet ouvrage, construit par le capitaine Cristofari, est maintenant achevé ; 30 hommes suffiront pour le défendre.

Ce premier blockhaus est devenu bientôt insuffisant. En effet, à partir du 15 avril, les pirogues ne pouvant plus aller jusqu'à Tombouctou, Kabara est devenu le point d'arrivée et de départ de tous les convois. La bonne qualité des fourrages et des pâturages que l'on y trouve en quantité l'a fait également désigner pour y concentrer toute la cavalerie et les troupeaux.

Il a donc fallu créer des installations complémentaires. Le capitaine Jacques a été chargé d'y organiser : 1° une flottille avec les pirogues amenées par les différents villages de la région ; 2° un atelier de réparation de ces pirogues ; 3° un magasin de transit ; 4° des parcs à bestiaux, un camp pour les spahis et un pour les conducteurs auxiliaires et les animaux non employés à Tombouctou. Toutes ces installations sont entourées de haies d'épines qui les mettent à l'abri d'un coup de main.

Poste de Koriumé.

Depuis un mois, les pirogues ne peuvent plus aller à Kabara et s'arrêtent à Daye, à 3 km de ce poste. Elles y sont gardées par une section d'infanterie. A partir du 15 juillet, pendant deux mois à deux mois et demi, elles

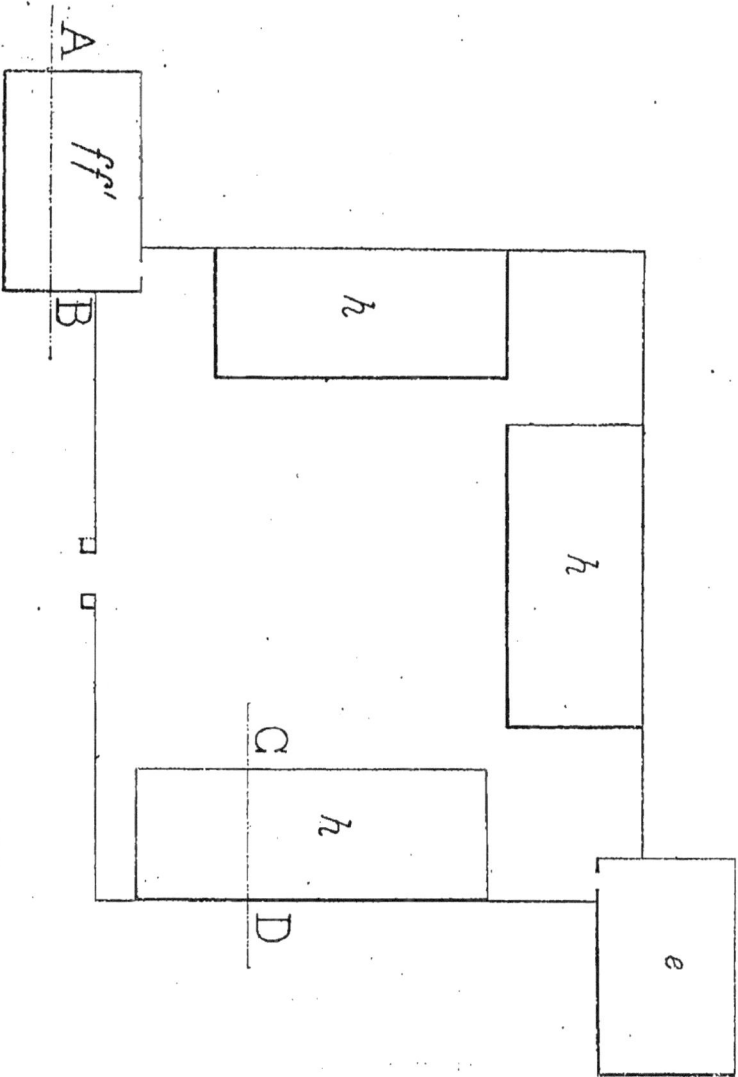

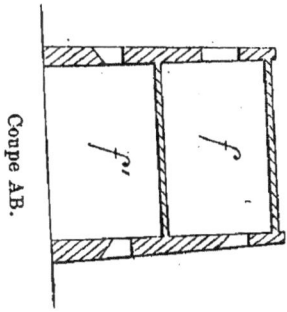

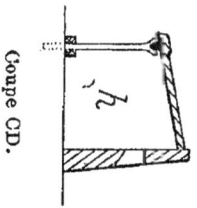

Fig. 1. — Poste de Kabara $\left(\frac{1}{30}\right)$. — Plan.

e, logement du commandant du poste. — f, logement des sous-officiers européens. — f', magasin. h, h, h, hangars pour tirailleurs.

devront s'arrêter à Koriumé, à 7 km de Kabara. Un poste
défensif a été construit près de Koriumé, à Adjitafé, où
sera le port réservé à nos pirogues et à nos convois. Les
chalands de la flottille, armés de canons-revolvers, resteront dans ce port. Ils compléteront la protection donnée
aux pirogues par le poste et serviront, en outre, à empêcher les incursions des Touareg de la rive droite sur la
rive gauche.

Occupation de Goundam.

Il est indispensable d'avoir un poste à Goundam pour
interdire aux Touareg l'entrée du Killi et du Kissou, et
les empêcher d'amener leurs troupeaux sur les bords des
inondations et de venir sur le fleuve exercer la piraterie.

Les instructions du gouverneur n'étant plus aussi limi-
tatives qu'au début et le Gouvernement ayant annoncé
son intention de garder Tombouctou et d'envoyer des ren-
forts à cet effet, l'occupation de Goundam a été décidée.
Déjà les habitants de Dongoï nous ayant fait prévenir que
quelques bandes de Touareg se sont montrées sur le bord
des inondations, cherchant des pirogues pour venir dans
les villages du Kissou, la 9ᵉ compagnie (capitaine Pan-
sier) a été envoyée en reconnaissance sur le marigot de
Goundam. Partie en pirogues le 20 février, elle a visité
les villages de Tassakant, Douékiré, Dongoï et Galaga, et
est rentrée le 26 à Tombouctou. Les Touareg, prévenus
par leurs sentinelles, avaient évacué les bords de l'eau.

Une colonne composée de la 11ᵉ compagnie de tirailleurs (capitaine Philippe), le peloton Maillac de la 10ᵉ compagnie, 3 pelotons de l'escadron de spahis, 1 section de
80 de montagne part le 5 mars de Tombouctou sous les
ordres du capitaine Prost. Quand elle arrive à Goundam,
le 8 mars à 4ʰ du soir, après 4 jours de marche, elle
trouve les Touareg en train de passer le marigot. On envoie des coups de canon et des feux de salve à ceux qui

sont sur l'eau ou sur l'autre rive. La cavalerie charge sur les autres, dont les uns essaient de se sauver à la nage et dont un certain nombre sont tués. Un troupeau de 1 000 moutons est capturé.

La colonne campe auprès de la ville. Le fort de Goundam (fig. 2) est piqueté et sa construction est commencée

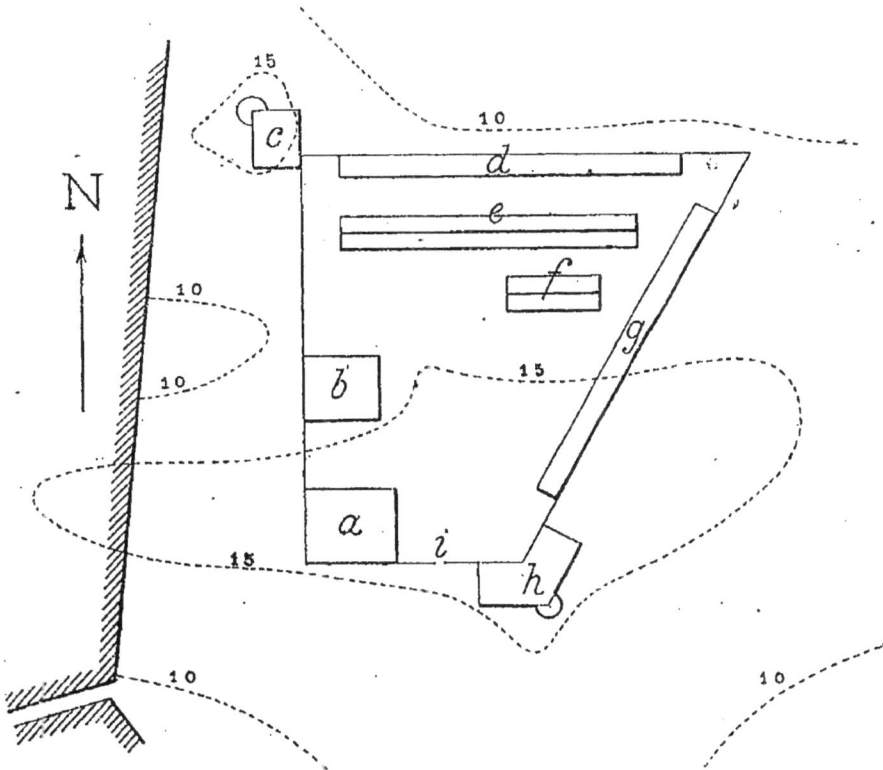

Fig. 2. — Poste de Goundam $\left(\frac{1}{1\,0\,0\,0}\right)$.

a, pavillon des officiers. — *b*, magasin. — *c*, blockhaus, logements des canonniers. — *d*, *g*, logements d'indigènes. — *e*, *f*, écuries. — *h*, blockhaus, logement de sous-officiers. — *i*, porte d'entrée.

à l'aide des ouvriers de la ville. Le peloton Maillac rentre à Tombouctou en pirogues avec la section Sadioka, qui a escorté jusqu'à Goundam le convoi portant un mois de vivres au poste.

La construction du fort a été commencée sous la direction du capitaine Fourgeot, mais étant donné les faibles ressources du pays, complètement pillé par les Touareg, les travaux n'ont pu être menés aussi activement qu'à Tombouctou ; néanmoins, le magasin est déjà achevé et les logements d'Européens ne tarderont pas à se trouver en état d'être occupés. Les constructions nouvelles forment, avec les cases du village occupées, un tout organisé défensivement et à l'abri de toute attaque.

CHAPITRE III

GÉOGRAPHIE DE LA RÉGION

Une de nos principales préoccupations, après notre arrivée à Tombouctou, a dû être d'arriver à connaître rapidement le pays et les populations qui l'habitent, afin d'en déduire la politique à suivre pour le pacifier et le mettre en valeur, afin aussi d'utiliser tous les moyens qu'il peut offrir pour réduire les tribus ennemies. Au début les gens du village ne disaient pas volontiers ce qu'ils savaient. Ils ne se sont livrés que peu à peu, lorsqu'ils ont vu par nos installations à Tombouctou et à Goundam notre volonté bien arrêtée de rester dans le pays, et, par les échecs infligés aux Touareg qui résistaient, notre supériorité incontestable. Ce n'est donc qu'au bout de quelques mois que nous avons pu avoir les renseignements désirés.

La région de Tombouctou, c'est-à-dire le pays qui, depuis longtemps, suivait les fluctuations de cette ville et était soumis à l'influence des Touareg, maîtres de ce grand centre, comprend en dehors de la ville :

Le Aoussa-Katawal, le Soboundou-Samba, le Tioki, le Killi, le Kissou, le Fitouka, le Gourma et l'Azaouad.

Ville de Tombouctou.

Population. — La population de Tombouctou, qui peut être évaluée très approximativement à 7 000 ou 8 000 habitants, n'est pas homogène et comprend les éléments les plus divers. Cependant deux races bien distinctes en forment le fond : les Rouma, descendants des anciens conquérants marocains, et les Hératine descendants des noirs

Songhays soumis par les Rouma. Une autre petite fraction, connue sous le nom de Tolba, est composée de gens venus de tous les points du Soudan pour étudier l'arabe à Tombouctou et fixés dans cette ville depuis un temps très long.

Quelques Toucouleurs, Songhays, Bambaras (ces derniers presque tous esclaves), arabes nomades, gens du Tafilalet et du Touat, Marocains et Tripolitains complètent la population.

En dehors de cette population sédentaire, il y a toujours dans la ville beaucoup de passagers venant de tous les points du Sahara et du Soudan.

Commerce. — L'importance commerciale de Tombouctou, qui a beaucoup diminué du jour où les Touareg sont devenus maîtres absolus de la région, c'est-à-dire depuis près d'un siècle, est due à la situation même de cette ville.

Placée pour ainsi dire sur les bords du Niger (car, grâce aux inondations de ce fleuve qui remontent très haut vers le Nord, les plus grosses pirogues indigènes, portant jusqu'à 100 tonnes de marchandises, peuvent arriver jusque sous ses murs pendant les hautes eaux) et au point le plus rapproché des contrées sahariennes qui peuvent commercer avec le Soudan, elle est devenue naturellement le lieu de dépôt des matières d'échange venant de ces contrées.

D'un autre côté, située en aval des nombreux affluents et branches du Niger par où arrivent naturellement les produits du Soudan, elle est le point forcé vers lequel tous ces produits doivent converger.

Tombouctou est donc devenu un grand marché ou plutôt un grand entrepôt où se fait l'échange des produits du Sud contre ceux du Nord ; mais ce qui a augmenté considérablement son importance commerciale, c'est la proximité des mines de Taodenni qui fournissent tout le sel consommé par les populations de la boucle du Niger.

Par elle-même, la ville ne produit rien ; ses habitants

vivent presque exclusivement du commerce. Quelques-uns se livrent à la fabrication de couvertures en laine et en coton et de vêtements brodés qui sont vendus dans le Nord et chez les Touareg.

Les principaux pays en relations continues de commerce avec Tombouctou sont, pour la région saharienne, le Sud marocain, la région de Tindouf occupée par les nomades Tadjakant, le Touat et le Tafilalet.

L'importation faite par ces pays consiste surtout en étoffes de fabrication européenne et presque toutes de marque anglaise, sucre, thé, épices, verroteries, armes et objets en cuivre et en fer. Tous ces objets d'échange viennent de Souira (Maroc); ils sont achetés par les Arabes nomades soit directement dans ce port, soit au marché de Souk-Sidi-Ahmed ou Moussa qui se trouve dans le Sud marocain et est approvisionné de ces machandises par les commerçants marocains. On trouve aussi à Tombouctou du tabac et des dattes venant du Touat et du Tafilalet, des peaux tannées et des cuirs travaillés venant de la région de Tindouf.

Le transport de ces marchandises est fait à dos de chameaux, surtout par les nomades Tadjakant et aussi par ceux du Touat et du Tafilalet.

Une autre tribu de nomades, les Bérabiche qui occupent l'Azaouad (entre Taodenni et Tombouctou), fait presque à elle seule le transport du sel dont l'importation est très considérable. Toute l'année des chameaux chargés de cette denrée entrent à Tombouctou, mais c'est surtout au commencement de l'automne (avant l'hivernage) et au printemps que son importation est le plus active. Les Bérabiche forment pendant ces deux époques, avec une autre tribu nomade moins importante qu'eux, les Kounta, de la région de Mabrouck et de l'Adrar, deux grandes caravanes qui comprennent chacune de 3 000 à 4 000 chameaux, tous chargés de sel.

Il existe deux routes principales suivies par les caravanes : celle d'Araouane pour le Sud marocain et les mines de Taodenni et celle de Boudjebiha pour le Touat, le Tafilalet, la région de Mabrouck et l'Adrar.

L'exportation vers ces pays consiste en grains (mil et riz), beurre de Karité, coton tissé et non tissé, étoffes originaires du Soudan; peaux non tannées, or et ivoire en petite quantité depuis quelques années, argent monnayé, bijoux et enfin esclaves.

Dans le Soudan proprement dit, Tombouctou est en relations avec toutes les contrées arrosées par le fleuve jusqu'à Sansandig, avec le Mossi par Bandiagara, le pays de Kong par Djenné, le Humbori par le Gourma et enfin toute la région Est jusqu'à Gogo.

L'importation faite par ces contrées consiste en mil, riz, arachides, beurre de Karité, épices, coton non tissé et en bandes, étoffes particulières au Soudan, plumes d'autruches venant surtout du Humbori, cuirs travaillés, or, ivoire, poteries, etc.

L'exportation consiste surtout en sel, étoffes et tabac; les verroteries sont aussi l'objet d'un petit commerce.

Il est impossible pour le moment de fixer même d'une façon approximative la valeur des importations et exportations; il faut pour cela attendre que la tranquillité dans la région et la sûreté des routes aient permis au commerce de reprendre sa marche habituelle.

Droits perçus sur les marchandises. — Les marchandises arrivant par voie de terre ne payaient pas de droits fixes, chez les Touareg, mais les marchands étaient obligés d'acheter leur protection en leur faisant des cadeaux souvent très onéreux pour eux. Le plus souvent chaque groupe de marchands s'entendait avec un chef targui influent et lui donnait soit annuellement, soit à l'arrivée de chaque caravane, une redevance qui lui assurait plus ou moins la sécurité.

Au passage à travers le territoire occupé par les Bérabiche, des droits fixes étaient perçus par le chef de cette tribu.

Les marchands du Sahel (Tadjakant) payaient : pour une charge d'étoffes, 7 barres de sel, plus 1/3 de barre ou 7 gros d'or plus 1/3 ; pour les autres marchandises, dans les mêmes proportions.

Les marchands du Touat et du Tafilalet payaient : pour une charge d'étoffes, 4 barres de sel ; pour 6 charges de tabac, 4 barres de sel.

Les marchands des autres contrées payaient dans les mêmes proportions.

A l'entrée dans Tombouctou, il n'existait pas non plus de droits fixes, mais les marchands faisaient de gros cadeaux au chef de la ville pour avoir la sécurité.

Les marchandises circulant sur le fleuve payaient « l'A-chour » (dixième) à l'entrée à Tombouctou, aux Touareg Irreganaten à Koura et à Aguïbou à Saraféré : cela en dehors des cadeaux que les marchands étaient obligés de faire aux Touareg qui pillaient sur le fleuve.

Le sel ne payait pas de droits à l'entrée à Tombouctou. A Taodenni, le caïd de ce village perçoit le cinquième du sel extrait des mines.

Actuellement et en attendant une organisation douanière indispensable, un droit uniforme et absolument insigni-fiant a été imposé à toutes les caravanes sans exception.

La base est une pièce d'étoffe valant de 25 à 30 fr. par charge d'étoffes valant de 1 200 à 1 500 fr.

Les autres droits sont calculés sur ces chiffres :

Une charge de tabac vaut de 200 à 250 fr. ;

Une charge de sucre vaut de 900 à 1 000 fr. ;

Le sel ne paye rien.

Région de Tombouctou.

Aoussa-Katawal. — Situé au sud-ouest entre le lac de Takadji, l'Issa-Ber et le lac de Tenda. Sa population fixe se compose de Peulhs, de Bambaras et de Touareg mé-

langés de Peulhs et devenus sédentaires : elle se livre à
la culture des grains et à l'élevage de nombreux troupeaux.
Son territoire était occupé en outre par différentes fractions de la tribu touareg des « Iguellad », auxquelles il
était soumis de fait et qui y percevaient des impôts peu
réguliers, souvent très onéreux.

Soboundou-Samba. — Situé également au sud-ouest, entre
le lac de Takadji, le lac de Horo et l'Issa-Ber. Sa population sédentaire se compose presque exclusivement de
Peulhs, pasteurs et cultivateurs. Comme le précédent district, son territoire était parcouru par des fractions d'I-
guellad qui en étaient les véritables maîtres.

Tioki. — Situé également au sud-ouest, entre le lac de
Horo, le lac de Fati et l'Issa-Ber. Peuplé de Peulhs pas-
teurs et cultivateurs, ce pays subissait l'influence des
Iguellad et d'une autre tribu touareg, les Tengueriguif.

Killi. — Situé à l'ouest, entre le lac de Fati, la branche
occidentale du marigot de Goundam et le fleuve. Ce pays
est occupé par différentes populations nomades et sédentaires : des Peulhs et des Songhays, habitant les villages,
presque tous cultivateurs ; des Cheurfiga, tribu nomade de
race berbère faisant un peu de culture, mais se livrant surtout à l'élevage des troupeaux et enfin des Touareg Tengueriguif, les maîtres effectifs de tout le Killi.

Kissou. — Cette contrée peut être considérée comme
formant le territoire de Tombouctou proprement dit. C'est
là, en effet, que les habitants de cette ville font cultiver
des grains par leurs esclaves et c'est là aussi que les Tengueriguif, véritables maîtres de Tombouctou, vivaient le
plus souvent et avaient la plupart de leurs esclaves. Elle
est comprise entre le fleuve, la branche occidentale du
marigot de Goundam et Tombouctou. Elle est peuplée de
Songhays.

Fitouka. — Situé au sud, sur les deux rives du Bara-
Issa, entre le marigot de Sarayamou et le bras de Bou-
gouberou. Très peuplé et très fertile, ce pays ne semble

pas avoir été soumis d'une façon effective aux Touareg. Sa population se compose surtout de Peulhs se livrant à la culture des grains et à l'élevage de quelques troupeaux.

Gourma ou Aribinda[1]. — Est limité au nord par le fleuve, à l'ouest par le marigot de Sarayamou et son prolongement vers Kaniouma, et au sud par le Humbori. Vers l'est, il n'a pas de limites bien déterminées.

Presque désert dans l'est, il est assez fertile au centre, dans la région de Haribougo, où de nombreuses mares, se desséchant pendant la saison des basses eaux, offrent de beaux terrains de culture. Il est très peuplé, le long du marigot de Sarayamou, par les Peulhs cultivateurs. Il est parcouru par les Kounta, tribu nomade d'origine arabe ayant beaucoup de captifs qui font de la culture dans la région de Haribougo, et par la tribu touareg des Irregaïaten, qui, d'habitude, étaient installés sur les bords du fleuve et partaient de là pour piller les pirogues venant de Tombouctou ou y allant.

Azaouad. — On comprend sous le nom d'Azaouad l'immense espace compris entre les mines de sel de Taodenni au nord, Mabrouck à l'est, Tombouctou au sud et El-Akla à l'ouest. C'est un pays absolument désert, parcouru par les Bérabiche et traversé du nord au sud par la route d'Araouane à Tombouctou, que suivent toutes les caravanes arrivant dans cette ville. A l'est et au nord-est de cette route s'étend une autre région appelée Hessiane (les puits), parcourue par les Ahl-Sidi-Ali, les Kel-Nekounder et les Kounta.

---

1. Les deux mots : Gourma (en songhay) et Aribinda (en arabe) ont la même signification : pays situé sur la rive droite du fleuve.

CHAPITRE IV

Les tribus nomades qui vivent dans la région de Tombouctou ou qui sont seulement en relations de commerce avec cette ville, doivent être divisées en deux parties bien distinctes : les tribus touareg, les tribus arabes.

Tribus touareg.

Depuis plus d'un siècle les environs immédiats de Tombouctou et toute la région qui s'étend sur les deux rives du Niger entre l'extrémité orientale du massif de l'Adrar au nord-est, Gogo au sud-est, Safay au sud-ouest et Ras-el-Mâ au nord-ouest, étaient soumis à l'influence des six tribus touareg qui occupent cet immense territoire. Ces tribus portent les noms d'Iguellad, Tengueriguif, Irreganaten, Kel-Temoulaï, Igouadaren et Aouellimiden. Les quatre premières, installées à proximité de Tombouctou, exerçaient une influence directe sur cette ville et étaient maîtresses des routes y conduisant; les deux autres n'avaient avec elle que des relations lointaines.

Avant d'étudier chacune de ces tribus en particulier, nous allons donner un aperçu de leur organisation générale et des liens qui les rattachent entre elles.

Comme toutes les tribus touareg, elles comprennent trois castes bien distinctes :

Les « Touareg », de race pure formant la noblesse guerrière ;

Les « Imghad », ou vassaux ;

Les « Billat », ou esclaves.

Chacune des familles nobles a la suzeraineté d'un certain nombre d'Imghad soumis par elle à des servitudes souvent très onéreuses. En temps de paix, ces Imghad se livrent à l'élevage et au commerce des troupeaux. En temps de guerre, ils marchent bon gré mal gré avec leurs maîtres.

Quant aux Billat, ce sont ordinairement des esclaves nés au milieu des Touareg et par conséquent très dévoués à leurs maîtres. Ils combattent toujours avec eux.

De tous temps, les Iguellad, Tengueriguif, Irreganaten et Kel-Temoulaï ont été en relations. Les premiers ont conservé sur les autres une certaine influence religieuse, les trois autres groupes sont issus d'un même ancêtre et portent le nom générique de Tademekket. Ils ont donc toujours été alliés, mais les Tengueriguif, plus guerriers que tous les autres, étaient pour ainsi dire le centre principal de cette confédération.

Quant aux Aouellimiden et Igouadaren (ces derniers ne sont qu'une fraction séparée des premiers), ils vivent depuis longtemps loin de la zone d'influence des Tademekket; mais ils ont toujours conservé sur eux une autorité due à leur force et les Tademekket leur payent un tribut annuel.

Nous allons maintenant étudier chacune de ces tribus en particulier :

1° Iguellad. — Les Iguellad occupent la région comprise entre Ras-el-Mâ à l'ouest, Soumpi au sud et Goundam à l'est; ils s'étendent au delà même de Tombouctou vers le nord-est, dans la région de Tagane.

Cette tribu a une certaine influence religieuse sur les autres Touareg. Elle se subdivise en un grand nombre de fractions. Beaucoup d'entre elles, composées surtout de marabouts, ne sont pas combattantes et vivent isolément. Les guerriers, ceux qui vivent surtout de pillage, sont nommés *Kel-Antassar*. Ceux-là occupent la région de Farasch, Oumel-Djérane, Ras-el-Mâ.

Le chef actuel des Kel-Antassar se nomme Ngouna.

En général, cette tribu est considérée comme pauvre ; elle possède bien quelques beaux troupeaux de chèvres et moutons, mais elle a peu d'esclaves et d'Imghad. Outre ses campements mobiles, elle possède les 3 villages de N'bouna, Toukabongo et Bitagongo, situés dans la partie haute du marigot de Goundam. C'est dans ces villages et à Ras-el-Mâ que les esclaves et les Imghad font un peu de culture et que les Iguellad déposent leurs approvisionnements.

Presque de tout temps, les pirogues peuvent aller par eau dans cette région.

Quoique assez nombreux, les Iguellad ne peuvent pas fournir un nombre de combattants très grand. Ils n'ont presque pas de chevaux et se servent surtout du chameau comme monture. Si toute la tribu se réunissait, le nombre de ses combattants serait de 800 environ. Ils sont tous armés de lances, sabres et poignards et ne possèdent qu'un nombre infime de fusils.

Tengueriguif. — Les Tengueriguif, plus guerriers et plus pillards que tous les autres, vivaient dans les environs immédiats de Tombouctou et étaient maîtres absolus de cette ville. Ils occupaient en outre le pays du Killi et du Kissou, surtout les deux rives du marigot de Goundam. Ce village était leur centre principal. Ils avaient dans la contrée une grande influence due à leur force et à leur esprit guerrier et maintenaient sous leur domination de nombreux vassaux ; en particulier toute la tribu des Imededghen, d'origine berbère, qui occupait l'espace compris entre Tombouctou, Goundam et le défilé de Karao-Kamba et forme un groupe de 150 à 200 tentes.

Les nombreux troupeaux qu'ils possèdent les obligent à ne pas s'éloigner trop de l'eau. Ils campaient donc pendant la saison des hautes eaux sur la limite des inondations entre Goundam et Tombouctou et pendant la saison sèche sur les bords mêmes du Niger, dans le Killi et le Kissou.

Vivant sous la tente et ne possédant pour ainsi dire pas de chameaux, les Tengueriguif sont obligés d'avoir des dépôts, où ils mettent en réserve les grains récoltés par leurs esclaves ou provenant des redevances que leur payent les villages du Kissou et du Killi, mis par eux en coupe réglée, et en général tout ce qui les gênerait dans leurs nombreux voyages d'un campement à l'autre.

Ces dépôts sont situés dans les villages de la vallée du marigot de Goundam. C'est aussi dans ces villages que leurs esclaves se livrent à la culture du blé.

Pendant la plus grande partie de l'année, l'accès de cette région est possible en pirogues, mais pendant la saison sèche les petites pirogues peuvent seules circuler.

Actuellement, les Tengueriguif ont pour chef Mohammed-Oueld-Ouab. Ils se subdivisent en six fractions et peuvent mettre sur pied 700 combattants, dont 130 cavaliers, tous armés de lances, sabres et poignards. Ils n'ont pas de fusils.

En temps de guerre, ils trouveront toujours un appui chez les Iguellad leurs voisins et chez leurs parents les Irreganaten et Kel-Temoulaï.

Irreganaten. — Les Irreganaten occupent la rive droite du fleuve dans la région de l'île de Koura et s'étendent vers le sud, dans le Gourma, qui limite vers l'est les nouveaux États du Macina et va jusqu'à Humbori. Leur autorité s'étend au Binga, district compris entre le fleuve et le marigot de Sarayamou au nord du Fitouka.

C'est surtout sur les bords du fleuve, dans la région de l'île de Koura, que les Irreganaten se tiennent; et c'est de là qu'ils partent pour piller les pirogues allant à Tombouctou ou venant de cette ville. Ils exercent une influence incontestable sur tous les villages de cette région.

Leur chef actuel est Assalmi, mais son influence ne s'étend pas d'une façon égale sur toutes les fractions composant la tribu. Quelques-unes d'entre elles opèrent isolément sur le fleuve et n'acceptent pas toujours l'autorité de ce chef. Leur principale richesse consiste en troupeaux de bœufs, chèvres et moutons.

Les Irreganaten sont d'une force à peu près égale à celle des Tengueriguif; ils peuvent donc mettre sur pied 130 cavaliers et 400 combattants à pied. Ce dernier chiffre est moindre que celui attribué aux Tengueriguif; cela tient à ce que leurs Imghad et leurs esclaves sont moins nombreux.

Kel-Temoulaï. — Les Kel-Temoulaï occupaient la région comprise entre Kabara à l'ouest et Bani à l'est. A présent, ils sont surtout sur la rive droite du fleuve, mais n'en continuent pas moins à piller sur la rive gauche. Tous les villages des bords du fleuve compris entre ces deux points leur sont soumis.

Leur chef actuel se nomme Aberdi; il habite sur la rive gauche, mais commande quand même les Kel-Temoulaï de la rive droite.

Les Kel-Temoulaï sont considérés comme très pillards mais peu guerriers; ils sont beaucoup moins nombreux que les autres Tademekket. Ils peuvent mettre sur pied 70 à 80 cavaliers et 200 hommes à pied.

Leurs combattants sont armés de lances, sabres et poignards.

Igouadaren. — Les Igouadaren occupent les deux rives du fleuve depuis Immelal à l'ouest, jusqu'à Aguadech à l'est. Ils se divisent en deux parties : les Igouadaren-Aouza (le mot « Aouza » signifie dans le pays, tout ce qui est situé sur la rive gauche du fleuve) et les Igouadaren-Aribinda, sur la rive droite. Quelquefois, ces deux fractions se réunissent; d'autres fois, séparées par de nouvelles dissensions, elles reprennent leurs campements respectifs.

En temps ordinaire, elles ont deux chefs; actuellement, elles se sont rangées sous les ordres de Sekhaoui, chef des Igouadaren-Aouza.

Le territoire des Igouadaren-Aouza est limité : au nord,

par une ligne passant environ à 2 ou 3 jours de marche du fleuve ; à l'est, par le village d'Aguadech ; au sud, par le fleuve (sauf à l'époque des pluies, durant laquelle ils passent dans les Aribinda pour faire paître leurs troupeaux) et à l'ouest, par le village d'Immelal. Tous les villages ou campements situés entre ces deux points leur sont soumis.

Les Igouadaren-Aribinda s'étendent à peu près dans toute la région connue sous le nom d'*Aribinda*; ils possèdent quelques villages sur les bords du Niger (rive droite) et vont jusque dans la région de Haribongo à l'ouest et Humbori au sud.

Les Igouadaren réunis sont très nombreux ; ils peuvent mettre sur pied 350 cavaliers et 2 000 hommes à pied, tous armés de lances, sabres et poignards. Mais pour arriver à ce chiffre, relativement considérable, il faudrait que les deux fractions se réunissent en entier.

Nous avons dit au début que les Igouadaren n'avaient que des relations lointaines avec la région de Tombouctou ; cependant ils exercent encore une certaine influence sur les Tademekket.

Eux-mêmes craignent beaucoup les Aouellimiden, et chaque année ils payent une sorte de redevance au chef de cette puissante tribu.

D'après tous les renseignements obtenus, les Igouadaren n'ont aucun intérêt à soutenir les Tademekket dans la région de Tombouctou.

Le pays qu'ils habitent est très riche, leur fournit beaucoup de riz et offre de beaux pâturages à leurs nombreux troupeaux. Ils ont donc tout intérêt à y rester tranquilles.

Aouellimiden. — Les Aouellimiden forment la tribu la plus puissante parmi les Touareg dont nous nous occupons. Ils occupent la région comprise entre l'extrémité orientale du massif de l'Aïrar à l'est, Es-Pouk au nord, Mabrouck, El-Hille et Tosaye à l'ouest et Gogo au sud.

Leur éloignement de Tombouctou, où ils ne venaient

que rarement pour percevoir un impôt sur les Tademekket et sur la ville, ne nous a pas permis d'avoir des renseignements sérieux sur leur force. Il est du reste à peu près certain que nous n'aurons pas affaire avec eux dans la région de Tombouctou.

De tout temps ils ont été considérés comme très nombreux et très puissants.

Remarques sur les Touareg.

Si l'on considère les Touareg en général dans leur façon de vivre, on remarquera de suite que leur existence est subordonnée à de nombreuses conditions.

Leur principale richesse consistant en troupeaux, ils doivent être essentiellement mobiles et, par conséquent, vivre sous la tente et dispersés par petits groupes, de façon à procurer à leurs animaux des pâturages suffisants. De plus, ils doivent toujours rester à proximité de l'eau.

D'un autre côté, cette vie nomade ne leur permet pas de conserver auprès d'eux une grande quantité de provisions qui les encombrerait.

Si donc, à la suite d'une circonstance quelconque, une seule de leurs tribus se trouvait dans l'obligation de se réunir en un même point, elle ne pourrait rester groupée que pendant un nombre de jours très limité, sous peine de voir ses troupeaux périr faute de pâturages et ses membres manquer de vivres. Voilà ce qui explique les espaces immenses occupés par les Touareg, dont le nombre n'est pas proportionné aux immenses territoires qu'ils occupent.

Ces observations s'appliquent non seulement à une tribu complète, c'est-à-dire à la réunion de toutes les familles et de tous les troupeaux d'un même groupe, mais encore aux guerriers ou pillards qui voudraient se réunir en grand nombre.

D'abord, étant donné le caractère insoumis des Touareg,

des dissensions, inévitables dans une réunion où de nombreux chefs veulent commander, surviendraient au bout de peu de jours, ensuite le manque de vivres les obligerait vite à se disperser : car, même les produits de leurs pillages ne leur permettraient pas de vivre longtemps groupés ; et, s'ils vivaient au milieu de leurs tribus, ils se pilleraient mutuellement. C'est ce qui s'est déjà passé pour les Tengueriguif et les Iguellad.

Une coalition de tous les Touareg n'est donc pas *à craindre.*

Il convient de rattacher à ces tribus quelques petits groupes de nomades ayant une origine berbère. Ce sont :

Les Ahl-Sidi-Ali. — Occupant la région de Hessiane à l'est. Ces nomades berbères, originaires des Iguellad, sont complètement séparés d'eux. D'un caractère essentiellement religieux, ils ne sont pas du tout guerriers et vivent paisiblement des produits de leurs troupeaux. On peut évaluer leur nombre à 100 tentes environ.

Les Kel-Nekounder. — Dans la région de Tagane à l'est, constituent un groupe de religieux nomades, également originaires des Iguellad, mais vivant isolément. Leur nombre peut être évalué à 50 tentes environ. Ce sont des pasteurs pacifiques.

Les Kel-es-Souk. — Sur les bords du fleuve à l'est, entre Iloua et Immelal, sont des religieux pacifiques, formant un groupe de 50 tentes environ.

Les Kel-Incheria. — Sont originaires des Iguellad, mais vivent isolément avec les Ahl-Sidi-Ali, 50 tentes environ.

Les Cheurfiga. — Sont une tribu nomade d'origine berbère, vivant à la façon des Touareg et formant un groupe de 200 tentes environ. Ils habitent le Killi et subissent d'une façon absolue l'influence des Tengueriguif. Ce sont plutôt des religieux pasteurs et cultivateurs que des guerriers.

Les Ahl-Aouza. — Sont originaires des Iguellad, mais

ils vivent complètement séparés de cette tribu depuis très longtemps. Autrefois, ils étaient les serviteurs dévoués de la famille du cheik Sidi-Bakay, des Kounta, à l'époque où cette famille était maîtresse de la région. Mais dans la suite, quand cette famille perdit son influence, ils passèrent sous la domination des Tengueriguif.

Ce sont des religieux pacifiques, ne demandant qu'à vivre en paix. Essentiellement nomades et se livrant à l'élevage des troupeaux, ils forment un groupe d'environ 150 tentes. Ils sont installés entre Dongoï et Bourem. Leur chef est Saïd-ben-Faki.

Chioukh. — Les Chioukh sont des religieux berbères vivant depuis longtemps avec les Irreganaten qui les considèrent comme leurs protégés et leur paient les redevances que les musulmans donnent ordinairement à leurs religieux.

Ils paraissent avoir occupé la région de Haribongo depuis un temps très long et sont considérés comme les véritables propriétaires de ce pays. Les Kounta leur paient l'impôt Lekkat (impôt sur la culture), moyennant lequel ils peuvent cultiver les terrains de cette région.

Les Chioukh sont très peu nombreux : 10 tentes. Mais ils ont sous leur domination 225 tentes de vassaux qui se livrent surtout à la culture. Ils ne possèdent que peu de troupeaux.

La région qu'ils parcourent s'étend entre Haribongo, Sarayamou et Sankaré, près de Bounambougou. Ils n'ont qu'un village, Oréséno, composé de cases en paille et situé à 10 km à l'est de Sarayamou.

Leur chef est Lanoune-ben-Mouak.

Tribus arabes.

Les principales tribus d'Arabes nomades sont les « Bérabiche » et les « Kounta ».

Bérabiche. — Leur territoire, généralement connu sous

le nom d'Azaouad, s'étend entre Taodenni (mines de sel) au nord, Mabrouck à l'est, Tombouctou au sud et El-Akéla à l'ouest.

Cette tribu est essentiellement nomade ; sa principale richesse consiste en troupeaux de moutons, de chèvres et de chameaux.

Cependant les Bérabiche ne s'adonnent pas d'une façon absolue à l'élevage des troupeaux et ils font avec Tombouctou un commerce de sel très important. Il n'est pas de jour où, dans cette ville, il n'entre quelques chameaux de Bérabiche, chargés de sel, venant des mines de Taodenni ; et ce commerce, qui est pour eux la source de gros bénéfices, est presque exclusivement entre leurs mains.

Ces relations constantes avec Tombouctou font que les Bérabiche se considèrent comme de véritables habitants de la ville, d'où ils tirent du reste tout ce qui leur est nécessaire pour vivre. Ils ne peuvent donc s'abstenir d'y venir ; et, pour cette raison, ils ont dû, de tous temps, se soumettre au maître de Tombouctou.

Du reste, non seulement leurs principaux intérêts sont dans cette ville, mais, pendant la moitié de l'année, leurs troupeaux vivent sous ses murs. En été seulement les troupeaux de chameaux vont dans l'Azaouad. En automne, ils sont autour de Tombouctou et dans la région de Hessiane, de Teneg-el-Haye à Rouzi.

Cette tribu a actuellement pour chef Oueld-Mohemmed, qui jouit d'une grande influence ; le nombre des tentes la composant peut être évalué à 1 500.

En général, les Bérabiche sont armés de fusils et se servent du chameau comme monture ; quoique peu guerriers, ils ont su rester libres en face des Touareg, avec lesquels ils vivent mélangés, en certains points. Aujourd'hui qu'ils vivent en bonnes relations avec nous, ils craignent beaucoup des attaques de leur part ; ils craignent aussi beaucoup leurs ennemis les Allouch, et les Touareg du Nord, les Hoggar, dont les bandes viennent piller jusqu'à Boudejebiha.

Kounta. — Les Kounta sont des marabouts qui habitaient autrefois Tombouctou et ses environs immédiats. Ils avaient une grande influence religieuse dans la ville et sur les Touareg de la région. Ils ont perdu en grande partie cette influence, à la suite de dissensions survenues entre eux et les Iguellad, et aussi à la suite des luttes qu'ils ont eu à soutenir contre les Toucouleurs. Ils ont alors à peu près abandonné Tombouctou.

Ils sont dispersés un peu partout. On les trouve au nord dans la région de Mabrouck, à l'est dans l'Adrar, au sud dans l'Aribinda. Ils s'occupent surtout de commerce et ne sont plus du tout guerriers. Les Kounta de l'Aribinda, qui nous intéressent particulièrement, parcourent le pays depuis le lac Dô jusqu'au fleuve.

Ils possèdent de nombreux captifs, habitant par petits groupes des cases en paille, dont les emplacements sont souvent changés suivant les besoins de la culture, à laquelle ils se livrent dans les mares de la région de Haribongo. Deux de ces villages seulement sont fixes, ceux de Haribongo et d'Aghélal. Ils comprennent un assez grand nombre de maisons en terre. Des Kounta, devenus sédentaires, habitent le village de Haribongo.

Le chef de la tribu, Arouata, réside dans la région de Haribongo.

CHAPITRE V

OPÉRATIONS CONTRE LES TOUAREG

Situation au moment de notre arrivée
à Tombouctou.

Parmi ces peuplades, les Touareg seuls sont franche-
ment nos ennemis. Les Tengueriguif, les Iguellad, les
Irreganaten et les Kel-Temoulaï étaient les maîtres du
pays qu'ils pressuraient et pillaient. Notre prise de possession du pays leur enlevant les produits qu'ils se pro-
curaient ainsi, ils sont nécessairement contre nous ; et ce
sont ces tribus qu'il faut réduire. Les habitants des villages et les autres tribus nomades seront avec nous, timi-
dement d'abord, puis de plus en plus ouvertement à me-
sure que l'installation de nos postes leur montrera notre
volonté bien arrêtée de conserver notre conquête et que
les échecs infligés aux Touareg leur prouveront notre supériorité.

En dehors de ces quatre tribus touareg, trois autres
tribus ont une certaine valeur militaire et auraient pu se
déclarer contre nous, ce sont les Bérabiche, les Igouadaren et les Aouellimiden.

Bérabiche. — Les Bérabiche ont tous leurs intérêts à
Tombouctou. Leur interdire l'accès de la ville et de ses
environs serait leur enlever à peu près tous leurs moyens
d'existence. Ils sont nécessairement tributaires des maîtres de cette ville. Aussi, dès notre arrivée, ils se sont
mis sous notre protection et nos relations avec eux ont été
constamment en s'améliorant. Les Bérabiche nous ont

fourni de nombreux émissaires allant dans les diverses régions occupées par nos ennemis et nous rapportant des renseignements précis et exacts. Ils nous ont fourni 30 hommes armés dans l'expédition que nous avons faite à la fin de juin contre les Kel-Temoulaï.

Enfin leur chef Oueld-Mehemmed a constamment exercé une influence pacificatrice sur les chefs des autres tribus qui l'ont consulté, notamment sur Sekhaoui, chef des Igouadaren.

Igouadaren. — Ce chef, en effet, sur les conseils et par l'intermédiaire d'Oueld-Mehemmed, nous a écrit le 24 février pour nous demander de lui accorder la paix. Depuis lors son attitude s'est constamment accentuée dans le sens pacifique. Aux demandes que lui ont faites les Irreganaten et les Kel-Temoulaï de se joindre à eux pour nous combattre, il a répondu négativement. Il a fait la même réponse à Ngouna, chef des Iguellad, qui, à la fin du mois de mai, a essayé d'organiser une coalision contre nous.

Un commerçant de Tombouctou, allant à Boudjebiha, ayant été pillé par quelques hommes de la tribu des Terbanassen, fraction des Igouadaren, Sekhaoui, à notre demande, a fait rechercher et rendre les marchandises volées. Il a en outre promis de faire son possible pour que de pareils faits ne se renouvellent plus sur son territoire.

Aouellimiden. — Cette tribu est très éloignée de Tombouctou. Des renseignements vagues parvenus jusqu'à ce jour, il semble résulter qu'elle n'a nullement l'intention de s'occuper des tribus avoisinant cette ville. Les Aouellimiden ont de l'eau et des pâturages dans leur région et la ville de Tombouctou n'intéresse pas leur existence.

Au point de vue militaire, nous n'avons donc affaire qu'aux 4 tribus touareg qui vivaient de Tombouctou et qui sont, par ordre d'importance, les Tengueriguif, les Iguellad, les Irreganaten et les Kel-Temoulaï.

Destruction du camp touareg de Takayegourou.

Le chef du village de Danga nous informe qu'une bande de Touareg Irreganaien est campée à Takayegourou, sur la rive droite du bras du Niger, qui limite à l'est l'île de Koura ; et qu'elle réunit et répare des pirogues pour aller exercer le brigandage sur le fleuve.

Un petit détachement est placé sous le commandement du capitaine Gautheron pour aller reconnaître les emplacements indiqués, faire disparaître la bande signalée, détruire ses campements et prévenir ainsi tout pillage.

Il se compose de 1 sergent indigène et 24 tirailleurs de la 6ᵉ compagnie, 1 sergent européen et 20 tirailleurs de la 9ᵉ compagnie, total 46 fusils, montés sur des pirogues, et un chaland armé d'un canon-revolver et monté par un quartier-maître et 3 laptots de la flottille.

La petite colonne arrive à Danga, dans l'île de Koura, le 10 mars, à 6ʰ50 du matin. Après être restée une heure dans ce village pour tâcher d'avoir des renseignements complémentaires sur les emplacements occupés par les Touareg, elle arrive à 9 heures du matin à Takayegourou. Une douzaine de cavaliers touareg couronnent la dune derrière laquelle se trouvent les campements. Quelques feux de salve, tirés des pirogues, les mettent en fuite.

Le sergent Dethire et 16 tirailleurs sont laissés à la garde des pirogues ; le capitaine Gautheron débarque avec 28 tirailleurs et monte sur la dune, au pied de laquelle il aperçoit les 3 campements de Takayegourou que les Touareg sont en train d'abandonner avec leurs troupeaux. Les feux de salve en tuent quelques-uns et dispersent les autres. Les campements sont détruits ; et, à 11ʰ30, le détachement remonte en pirogues le bras du Niger, à la recherche des pirogues que les Touareg remettaient en état. Il les trouve devant les campements touareg d'Inatane, qui ont été évacués en même temps que ceux de

Takayegourou. Les pirogues sont détruites ainsi que les campements. En outre, on tue les animaux de prise que les pirogues ne permettent pas de transporter : 10 chevaux, 46 ânes, quelques veaux et une soixantaine de chèvres.

Les Touareg ne se sentant plus en sûreté dans cette région, l'ont évacuée. Et le résultat de cette expédition a été de prévenir les pillages qui allaient commencer sur le fleuve.

Cette bande était placée sous les ordres d'El-Khadir et appartenait aux Irreganaten. Les débris d'objets ayant appartenu à des Européens de la colonne Bonnier et de la flottille et trouvés dans ses tentes (lanterne, cafetière, etc.), ont permis d'établir qu'elle avait pris part à l'affaire de Tacoubao, ainsi que l'ont confirmé les interrogatoires des prisonniers.

Expédition du Killi.

L'occupation de Goundam par nos troupes a eu pour effet de diviser en deux les Touareg de la rive gauche ; d'une part, les Kel-Antassar, au nord de Goundam, entre Ras-el-Mâ et Farasch, et, près d'eux, Sobo, de la tribu des Tengueriguif, qui, blessé le 15 janvier, n'a pu suivre sa tribu et est resté à Farasch avec quelques partisans. D'autre part, les Tengueriguif qui ont passé le marigot de Goundam avec leur chef Mohammed-Ouel-Ouab et tous les notables. Ceux-ci sont dans le Killi, se montrent à Diré, prêts à monter en pirogues, pour exercer leur piraterie sur le fleuve ; on les voit aussi sur les bords du lac de Fati, d'où ils peuvent, soit aller saccager les villages du Tioki, soit rejoindre les Kel-Antassar à Daouna.

L'occasion est favorable pour se débarrasser de cette tribu, la plus puissante et la plus redoutée parmi les quatre qui avoisinent Tombouctou. Le Killi est en effet accessible de tous côtés en pirogues et il sera facile de garder les issues par lesquelles l'ennemi qui s'y trouve pourrait s'échapper.

Une opération combinée avec le poste de Goundam est décidée. A cet effet, les instructions suivantes sont envoyées au commandant d'armes de Goundam :

« Vous recevrez par le courrier qui vous portera cette lettre, un guide et deux pirogues destinées à augmenter les moyens que vous avez pour traverser le marigot.

Vous laisserez le capitaine Philippe avec la moitié de sa compagnie et un peloton de spahis au poste de Goundam. Le capitaine Fourgeot et la section de 80 mm de montagne y resteront aussi.

Vous prendrez le commandement d'une colonne composée de deux pelotons de spahis et de la moitié de la compagnie Philippe. Vous passerez le marigot de Goundam de façon à pouvoir, dans la journée du 22, quitter le bord de ce marigot et arriver à Mory-Koïra, où je vous attendrai avant la nuit.

D'après le guide que je vous envoie, vous aurez un marigot à traverser à environ 8 km de Goundam ; ce serait le seul passage un peu difficile que vous rencontreriez.

Renseignez-vous de votre côté et prenez au besoin d'autres guides à Goundam.

Dans le cas où vous ne nous rencontreriez pas, vous passeriez la nuit à Mory-Koïra ; vous en partiriez le 23 pour aller camper à Tondigamé, où vous trouverez un peloton de tirailleurs en pirogues.

Mon intention est d'aller à Mory-Koïra en pirogues avec une compagnie ; j'y serai le 22 pour me joindre à vous. Nous avons ainsi des chances de prendre les Touareg entre deux feux. J'enverrai à Tondigamé un peloton en pirogues qui a pour but d'empêcher les Touareg de franchir le fleuve.

A Mory-Koïra ou à Tondigamé, vous trouverez d'autres instructions. Si vous n'y avez rien trouvé aux jours fixés ci-dessus, vous rentrerez à Goundam. »

Une colonne est organisée à Tombouctou. Cette colonne a la composition suivante, sous les ordres du lieutenant-colonel :

1° État-major :

Chef d'état-major : capitaine Cristofari ;

Médecin-major : docteur Lespinasse ;
Secrétaire : sergent Michel ;
Interprète : Samba-Ibrahim ;
1 planton indigène.

2° La 5ᵉ compagnie de tirailleurs :
Capitaine Puypéroux ;
Sous-lieutenant Bluzet, qui y fera le service pendant la colonne ;
1 officier indigène ;
5 sous-officiers européens ;
1 clairon européen ;
144 indigènes.

3° Un peloton de la 10ᵉ compagnie :
Lieutenant Frèrejean ;
Sous-lieutenant indigène : Sadioka, qui rejoindra le peloton à son passage à Kabara ;
4 sous-officiers européens ;
75 indigènes.

4° Les 27 tirailleurs de la 6ᵉ compagnie qui sont à Kabara.

5° Le chaland armé du canon-revolver.

Une lettre du commandant de Goundam, reçue le 18 mars, rendant compte de la présence des Touareg sur les bords du lac de Fati, près de Mékoré et au nord de ce village, fait modifier de la façon suivante les instructions envoyées au commandant de ce poste :

« Je reçois à l'instant votre lettre n° 5 du 16 mars, et je modifie, à la suite des renseignements qu'elle contient, le rendez-vous donné dans ma lettre n° 27 que vous recevrez par ce même courrier.

Je serai le 23 à Korango où je débarquerai. De votre côté, faites le même jour, avec l'effectif indiqué dans ma lettre n° 27, une reconnaissance du côté de Mékoré, de façon que nous puissions nous joindre dans ce village dans la journée du 23.

Vous serez prévenu de notre présence par nos feux si nous

avons à tirer. Dans le cas où nous n'aurions pas eu l'occasion de tirer, je ferai faire à midi trois feux de salve espacés d'une minute.

Si, à midi, vous n'avez rien entendu, vous prendrez vos dispositions pour rentrer à Goundam.

Je crois que, dans ce cas, vous pourrez, sans inconvénient, passer la nuit à l'ancien campement de Pouydebat. »

La colonne, partie le 18 au soir de Tombouctou, quitte Kabara le 19 au matin ; elle est le 19 au soir à Koïrétago.

Le 20, à la grande halte, le capitaine Gautheron est laissé en arrière avec toutes les grandes pirogues, 1 peloton de la 5e compagnie, le détachement de la 6e compagnie, le chaland armé du canon-revolver, le convoi et tout ce qui en un mot pourrait retarder la marche. Il a pour mission d'aller à Diré, d'empêcher les Touareg de passer le fleuve pour rejoindre les Irreganaten, chercher à pénétrer dans le lac Goro et y être, si possible, le 24 pour recevoir les Touareg que les deux colonnes de Goundam et de Fati refouleront de ce côté.

Être de retour à Diré le 25.

La colonne, devenue plus mobile, se remet en marche à 2h de l'après-midi. Elle est le soir à 6h à Koura, fait une halte de deux heures, puis se remet en marche et arrive à 1h du matin à Farabongo.

Le 21, elle part à 5h, fait la grande halte à Diré de 10h à 12h, s'arrête deux heures entre 7h et 9h du soir sur la rive droite du fleuve en face de Safay ; et, continuant sa marche pendant la nuit, arrive vers 3h du matin près de Bala-Maoundo.

Le 22, le départ a lieu à 6h. La grande halte se fait à Tendirma de 11h à 1h. Puis, après une navigation longue et difficile à travers les hautes herbes du lac de Fati, elle arrive à Mékoré à 3h du matin.

Le village est aussitôt entouré par la 5e compagnie. Les habitants, qui du reste ne cherchent pas à s'enfuir, disent que les Touareg ont quitté la région depuis deux jours et qu'ils sont dans le Killi, dans les environs de Godio. Des pêcheurs pris la veille confirment ce renseignement.

Un certain mouvement du reste avait été remarqué pendant notre marche de Bala-Maoundo à Tendirma, sur la rive gauche de l'Issa-Ber.

Le 23, à 7ʰ du matin, la reconnaissance partie de Goundam rejoint la colonne à Mékoré. Le capitaine Prost, commandant cette reconnaissance, vient encore, avec ses renseignements personnels, confirmer ceux déjà recueillis, c'est-à-dire que les Touareg sont autour de Godio.

Les dispositions suivantes sont arrêtées :

La colonne du capitaine Prost ira camper le soir sur les bords du lac Fati, le plus près de Goundam ; elle fera prendre à Goundam 4 jours de vivres. Le lendemain 24, elle marchera par terre sur Tendirma et Godio.

La colonne fluviale reviendra sur ses pas, débarquera près de Bala-Maoundo et marchera vers Godio sur les campements touareg.

Les deux colonnes quittent Mékoré, la 1ʳᵉ à 8ʰ, la 2ᵉ à 9ʰ.

La colonne fluviale arrive à 5ʰ à Tendirma, où elle passe la nuit.

Des envoyés d'Ali-Habana étaient venus prévenir que ce chef viendrait trouver le lieutenant-colonel le lendemain matin de très bonne heure.

Le 25, Ali-Habana arrive vers 6ʰ du matin. Un long palabre a lieu : Ali-Habana fait de grandes protestations d'amitié. Il dit que jusqu'à ce jour, une série de malentendus l'avait empêché de venir au-devant de nous, il reconnaît notre autorité et il est prêt à nous seconder.

Il va envoyer des gens à Godio qui dépend de lui pour prévenir les habitants du village de notre arrivée et leur dire de ne pas s'enfuir et de nous fournir des guides.

Départ de Tendirma à 11ʰ du matin. La rive droite de l'Issa-Ber est explorée de temps en temps par des fractions de troupe, qui descendent à terre et suivent la berge du fleuve à une certaine distance. Rien de suspect n'est signalé.

Vers 3ʰ une pirogue montée par le quartier-maître laptot Bakary-Cissé apporte une lettre du capitaine Gautheron. Cet officier rend compte que :

« Rendu à Diré-ruines le 22 mars à 7ʰ du matin dans une reconnaissance des environs, une pirogue qui s'enfuità son approche lui fait découvrir l'entrée du marigot conduisant au lac de Goro. Il s'engage dans ce marigot avec 3 petites pirogues pour le reconnaître. Il constate qu'il y a très peu d'eau et que la navigation y est très difficile. Laissant alors le chaland armé du canon-revolver, 12 tirailleurs et le convoi à l'entrée, il pénètre dans le marigot avec 3 petites pirogues et une grande qu'il est obligé de faire pour ainsi dire porter par les bozos et les tirailleurs.

« A 4ʰ30, il débarque près du campement de Dahouré ; et là surprend les Touareg, qui s'enfuient au premier feu, en laissant quelques hommes sur le terrain.

« La tabala résonne toute la nuit du 22 au 23 vers le nord.

« Le 23, à 6ʰ30 du matin, le capitaine Gautheron se met en route dans cette direction ; à 7ʰ il arrive devant une dune dont les guerriers ennemis couronnent la crête. Il ouvre le feu sur eux ; ceux-ci ripostent maladroitement avec des fusils pris sur nous à Tacoubao ; puis, après s'être avancés lentement jusqu'à 150 m des tirailleurs, ils chargent avec une grande vigueur. Des feux de salve les arrêtent et les mettent en fuite, mais quelques-uns d'entre eux viennent tomber à moins de 15 m de nous.

« La poursuite est continuée pendant près de 6 km.

« Aucune perte de notre côté, le sergent Cassinet de la 5ᵉ compagnie a seul une légère blessure à la main produite par un ricochet.

« Les Touareg laissent sur le terrain plus de 60 cadavres, dont ceux de leurs principaux chefs : Mohammed-Oueld-Ouab, Mody, Atta, Tereseti, etc.

« Il leur est pris 9 fusils à tir rapide mod. 1874 et 1884, 2 baïonnettes, 1 revolver d'officier, un millier de cartouches, des galons de lieutenant-colonel, une jumelle, une trousse de médecin, des vêtements de tirailleurs, etc.

« 40 chevaux, 30 chameaux, 150 ânes, 20 bœufs, 100 moutons ne pouvant être emportés sont tués sur place. »

A la réception de cette lettre, la colonne est arrêtée sur la berge du fleuve non loin de Bala-Maoundo.

La défaite des Touareg près de Goro a enhardi les gens des villages voisins qui viennent nous en apporter la nouvelle et se proposer comme guides pour nous conduire à d'autres campements. Des différents renseignements recueillis, il résulte que les Touareg, avec leurs troupeaux, se trouvent réunis à Sansan, prêts à passer entre le lac Fati et Goundam pour gagner le lac de Daouna.

Une lettre est alors expédiée par deux courriers au capitaine Prost pour l'informer de ces faits.

Puis la colonne gagne Diédou où elle est rejointe, dans la soirée, par le lieutenant de vaisseau Boiteux. A 1ʰ du matin, laissant le lieutenant de vaisseau Boiteux et un petit détachement de tirailleurs fatigués ou malades à la garde des pirogues, elle se dirige sur Sansan. Après une marche de nuit très pénible faite les trois quarts du temps dans des marigots à fond vaseux, elle arrive à 7ʰ du matin devant les campements. Elle en est séparée par un dernier grand marigot de 1,20 m à 1,30 m de profondeur et large de plus de 800 m, dont le passage dure plus d'une demi-heure.

Les Touareg, qui nous ont aperçus, en profitent pour s'enfuir précipitamment. Quand la colonne débouche de l'autre côté du marigot, les troupeaux abandonnés errent

dans tous les sens, les tentes roulées prêtes à être chargées ont été laissées ainsi que d'autres paquets de menus
objets et des vivres prêts à être consommés.

Une section de la 10e compagnie (lieutenant Frèrejean)
se forme à gauche, le peloton de la 5e compagnie (capitaine Puypéroux) à droite, une section (10e compagnie)
en réserve. On se met en marche dans cette formation.
Après 15 minutes de marche, le feu est ouvert par les
deux fractions qui sont en avant ; le capitaine Puypéroux,
qui s'est étendu sur la rive droite, rabat sur le lieutenant
Frèrejean par des feux de salve une fraction de Touareg
qu'il a aperçue. La poursuite se continue très vivement
jusqu'à 9h 1/2 ; à ce moment, les Touareg sont hors de la
portée efficace de notre feu et des feux de salve loin-
tains indiquent qu'ils sont tombés sur la colonne Prost.
A midi arrive une lettre du capitaine Prost faisant connaître qu'il s'est rabattu aux coups de fusil, persuadé
qu'il n'y avait plus rien à faire à Godio. Il nous apprend que la veille il a pris un troupeau de 400 bœufs
et fait 40 prisonniers. Il était tombé entre le lac de Fati
et Goundam sur la bande défaite le 23 par le capitaine
Gautheron.

Peu après, le lieutenant Frantz (11e compagnie), du détachement Prost, rejoint la colonne avec son peloton.

Il rend compte qu'il a rencontré les Touareg que nous
avions dispersés fuyant vers le lac de Fati et qu'il les a
poursuivis de ses feux.

La colonne passe la nuit sur les lieux. Le lendemain, le
peloton de la 10e compagnie escorte à Goundam le troupeau de moutons, chèvres et ânes capturés à Sansan. Le
lieutenant-colonel, avec le peloton de la 5e compagnie, re-
tourne à Diédou. Arrivée à Diédou à midi, départ de Diédou en pirogues à 2h. Le capitaine Gautheron rejoint la
colonne à son passage à Diré le 27. Il rend compte que
le 25 mars il a capturé 13 pirogues suspectes qui es-
sayaient de passer le fleuve et fait prisonniers 34 hom-

mes qui y étaient embarqués. Arrivée à Kabara le 28 à 10^h du matin, à Tombouctou à 2^h.

Pendant ces opérations, nous avons eu 2 blessés (sergent européen Cassinet, d'une égratignure à la main, 1 spahis indigène de 3 coups de lance).

Les Tengueriguif ont laissé 120 morts sur le terrain ; 10 fusils et 1 revolver, pris par les Touareg le 15 janvier à Tacoubao, sont tombés entre nos mains. Nous avons pris ou tué 50 chevaux, 30 chameaux, 8000 moutons, 400 bœufs et 200 ânes.

A peu près tous les chefs sont au nombre des tués ; et la tribu des Tengueriguif peut être considérée comme anéantie. Les débris vont à Ras - El - Mâ, à côté des Iguellad.

Les Tengueriguif étaient la tribu touareg la plus redou-tée parmi les quatre qui avoisinaient Tombouctou. C'est elle qui, avec une petite fraction d'Irreganaten, a livré le combat de Tacoubao. Son anéantissement a eu un reten-tissement considérable dans le pays. Les effets vont s'en faire sentir dans la soumission des tribus non combat-tantes et dans l'accentuation des sentiments de fidélité des tribus et des villages soumis.

Soumission du pays.

En effet, les Cheurfiga (chefs : Boukri et Alfaka),

Les Ahl-Aouza (chef : Saïd-Ben-Faki),

Les Imededghen, vassaux des Tengueriguif (chef : Mohammed-Oueld-Touhami),

Les Kel-Inchéria (chef : Ben-Doudou),

Les Kel-Es-Souk,

Les Kel-Nekounder (chef : Djeddou), sont venus à Tom-bouctou faire leur soumission à la suite de ces opérations.

Les Ahl-Sidi-Ali étaient déjà venus se ranger sous notre autorité le 11 mars.

De toutes les tribus nomades de la région, trois restent insoumises, les Iguellad, les Irreganaten et les Kel-Temoulaï. Les Tengueriguif, réduits à un petit nombre de tentes, et n'ayant plus aucune valeur comme force combattante, ont envoyé des émissaires à deux reprises différentes pour demander l'aman. Ils n'ont pas encore donné suite à ces premières ouvertures, bien qu'il leur ait été fait chaque fois des réponses favorables.

Quant à la population sédentaire, elle s'est tout entière placée sous notre commandement et cela dès notre arrivée à Tombouctou.

Deux réunions de notables ont été tenues les 22 et 24 février. On y a nommé le chef de la ville Alfa-Saïdou, qui en remplissait les fonctions depuis l'arrivée du lieutenant de vaisseau Boiteux; Alfa-Saïdou appartient à la fraction des Tolba. C'est un homme influent, très actif et entièrement dévoué à la cause française.

On a divisé la ville en deux quartiers : Djengueri-Ber (partie ouest), chef Ben-Ali-Moussoudou, des Rouma, et Saré-Kaïna (partie est), chef San-Oueld-El-Kaïd-Bouleker, également des Rouma.

Aoussa-Kattawal. — Ce canton, évacué par les Iguellad, lors du passage de la colonne, a fait sa soumission. Les notables ont suivi la colonne jusqu'à Tombouctou, où nous avons donné l'investiture à leur chef Sididio.

Après notre installation à Tombouctou, quelques fractions d'Iguellad sont retournées à la partie supérieure des lacs situés au nord de ce canton, trop éloigné de nous pour que nous puissions lui donner une protection immédiatement efficace. Ils ont fait assassiner la nuit, par quelques-uns des leurs, le chef Sididio dans sa case en paille du village de Katawal.

Les habitants du nord du canton ne peuvent pas se dispenser de satisfaire aux demandes de leurs anciens maîtres. Pour protéger et administrer efficacement ce pays, il paraît indispensable de créer un cercle à Soumpi, pour

boucher la trouée beaucoup trop grande existant entre
Goundam et Sokolo.

Soboundou-Samba. — Le chef du canton Nioukou-Alfa-
Guidalo, qui nous avait résisté lors du passage de la colonne à Niafounké, a envoyé les notables porter sa soumission à Tombouctou le 28 mars.

Tioki. — Nous avons vu qu'Ali-Habana était venu à
Tendirma faire sa soumission pendant les opérations du
Killi.

Killi. — Tous les villages du Killi ont fait leur soumission après les opérations de mars.

Kissou. — Ceux du Kissou l'ont faite dès l'arrivée de
la colonne devant Goundam au commencement de février.

Fitouka. — Enfin, Omar-Abdallah-Galawal, chef du
Fitouka, qui s'était montré rebelle à toute idée de soumission et qui n'avait pas voulu reconnaître l'autorité d'A-
guibou, a envoyé le 28 mars des notables à Tombouctou
porter sa soumission qui a été acceptée.

Expédition contre les Irreganaten.

Dans le courant d'avril, un parti d'Irreganaten traverse,
pendant la nuit, le fleuve devant Danga et va piller ce village. Après cet acte de brigandage, tous les Irreganaten
se rassemblent sur la rive droite un peu à l'est d'Iloua.

Ce rassemblement sur un point rapproché de Tombouctou est une menace pour les tribus et les villages qui
nous sont soumis. Il est nécessaire de les disperser pour
éviter que l'acte de brigandage commis contre Danga se
renouvelle.

Une colonne de marche est organisée sous les ordres
directs du lieutenant-colonel et comprend la 9e compagnie
(capitaine Pausier), 1 peloton de la 10e compagnie (lieutenant Maillac) et 10 spahis avec le lieutenant Robillot.

Elle part de Tombouctou le 21 avril à 4^{h}50 de l'après-midi, s'embarque en pirogues à Kabara, quitte ce poste à 9ʰ30 du soir et arrive à Iloua le 22 à 3ʰ20 du matin.

Après avoir pris 4 guides dans ce village, elle repart à 4ʰ du matin. Les pirogues quittent le Niger pour s'avancer dans un chenal au milieu des inondations. A partir de ce moment, la navigation devient très pénible au milieu des hautes herbes qui recouvrent la nappe d'eau.

Vers 7ʰ 1/2 du matin, nous apprenons en route, par deux pêcheurs de Bourem, que les Touareg ont quitté la veille les campements que nous allons attaquer et qu'ils sont actuellement à Aghélal.

A 11ʰ45, la colonne s'arrête sur la rive est du lac de Ouékoré, à 12 km environ d'Aghélal et campe en ce point. Quelques indigènes, montés sur une pirogue, sont envoyés vers Aghélal pour reconnaître la position des campements ennemis. Ils reviennent à 6ʰ du soir avec 2 prisonniers qui nous guideront la nuit même sur ces campements.

Départ le 22 à 11ʰ du soir. Arrivée devant Aghélal le 23 à 6ʰ du matin, après une navigation rendue très lente par les herbes qu'il fallait traverser.

Une section de la 9ᵉ compagnie, commandée par l'adjudant Sistach, reste à la garde des pirogues et du convoi.

La colonne, après avoir débarqué, marche pendant une heure dans des marais vaseux et arrive vers 7ʰ30 près des campements touareg, qui viennent d'être évacués précipitamment. Une partie des bagages des Touareg ont été abandonnés. On voit, à une certaine distance, une poussière intense, qui révèle la marche de nombreux troupeaux fuyant dans toutes les directions. On poursuit les fuyards, mais la poursuite nous conduit dans des régions où l'on ne trouve pas d'eau. Elle est arrêtée à 9ʰ30.

On revient ensuite vers les pirogues avec 35 prisonniers. Et la colonne rentre le 25 à 7ʰ du matin à Kabara et à 10ʰ à Tombouctou, sans avoir essuyé aucune perte.

Les Touareg qui, pour échapper à notre poursuite, se sont enfuis avec leurs troupeaux dans des terrains entièrement dépourvus d'eau et y sont restés longtemps, ont beaucoup souffert de la soif. Une centaine d'entre eux sont morts et ils ont perdu beaucoup de têtes de bétail.

A la suite de cette expédition, les Irreganaten et les Kel-Temoulaï, après s'être rassemblés, sont allés vers l'est demander protection à Sekhaoui, chef des Igouadaren. Celui-ci leur a répondu qu'il était avec les Français et ne voulait pas les tromper ; et que, s'ils voulaient vivre tranquilles, ils n'avaient qu'à faire leur soumission.

Opérations contre les Iguellad.

Le 9 avril, quelques Kel-Antassar sont tombés sur un troupeau de 80 bœufs confié au village de Goundam et paissant à 5 km au nord de ce village. Ils ont tué les deux bergers et emmené le troupeau au nord du lac de Faguibine. Le 10, une reconnaissance, forte de 50 tirailleurs et 20 spahis, part sous les ordres du lieutenant Frantz pour explorer le terrain entre la montagne et le lac Télé. En même temps, un peloton de spahis suit le côté est de la montagne jusqu'au défilé de Karao-Kamba.

La reconnaissance découvre un campement de Kel-Antassar, leur tue 9 hommes, leur fait 17 prisonniers, et rentre à Goundam le soir même.

Pendant la deuxième partie d'avril et pendant le mois de mai, les Iguellad se tiennent tranquilles. La plupart d'entre eux et presque tous leurs chefs désirent la paix.

Loudegh, frère de Ngouna, nous écrit pour demander l'aman. Et Oueld-Mehemmed, chef des Bérabiche, envoie un émissaire à Ngouna pour l'engager à cesser une guerre dont l'issue lui sera nécessairement fatale. Celui-ci sent sa tribu lui échapper. Il traite violemment son frère pour avoir fait des ouvertures de soumission. Il essaie d'organiser une coalition des tribus touareg contre nous. L'émissaire qu'il a envoyé à cet effet à Sekhaoui, chef des

Igouadaren, est mal reçu par ce dernier. Assalmi, chef des Irreganaten, n'écoute pas davantage ses propositions.

Ngouna, ne pouvant compter que sur un petit nombre de guerriers Kel-Antassar, essaie de compromettre toute la tribu et de rompre toutes négociations de paix. A cet effet, dans la nuit du 27 au 28 mai, une centaine de Kel-Antassar montés à chameau partent de Farasch et arrivent avant le jour dans le village de Dongoï. Ils tuent 14 habitants, dont le chef du village, en blessent deux et retournent vers Farasch avec le butin qu'ils ont pu ramasser et quelques prisonniers.

Déjà, le 27 au matin, quelques Kel-Antassar étaient descendus de la montagne, avaient surpris des habitants de Goundam en train de faire leurs cultures, sur le bord du lac de Télé, à 8 km du village, en avaient emmené 6 et en avaient tué 2 qui ne voulaient pas les suivre.

Le 28, le capitaine Bigaut avait envoyé une reconnaissance, commandée par le capitaine Laperrine, sur les bords du lac pour rechercher et détruire le campement d'où ont pu venir les pillards.

Dès qu'il a été prévenu de l'acte de brigandage commis à Dongoï, il a envoyé au capitaine Laperrine l'ordre de pousser sa reconnaissance aussi loin que possible pour couper la retraite aux Kel-Antassar.

Celui-ci passe la nuit avec sa troupe à Karao-Kamba et continue sa marche le 29 au matin. A 7^{h}30, il trouve à Kameina les traces des chameaux venus de Dongoï, qu'il suit jusqu'à Sakénébaga, où il arrive à 11^{h}30 du matin.

Les Kel-Antassar, qui s'y trouvaient, prévenus par leurs captifs, ont eu le temps de monter à chameau et de s'enfuir. Ils ont cependant laissé 20 prisonniers entre nos mains et ils ont dû abandonner une partie de leur butin.

En outre, les gens de Goundam et de Dongoï, qu'ils avaient emmenés, ont pu leur échapper.

La reconnaissance est rentrée à Goundam le 31 à 8^h du matin.

Combat de Fati. — En même temps que le pillage de Dongoï, une autre incursion était ordonnée par Ngouna dans le Killi. Elle a eu lieu dans la nuit du 8 au 9 juin à Ougoukoré, village situé à 8 km environ au nord de Sansan. 70 Iguellad, commandés par Djeddou et partis de Daouna, sont tombés sur ce village, qu'ils ont entièrement pillé. Les habitants se sont enfuis dans la brousse et ont fait aussitôt prévenir Goundam.

Le capitaine Bigaut a envoyé, sous les ordres du capitaine Gérard, un peloton de la 10ᵉ compagnie de Soudanais et 16 spahis, au nord de la montagne de Fati, par où devaient passer les Iguellad pour retourner à Daouna.

Après avoir traversé le marigot de Goundam et parcouru 4 km, le détachement trouve deux pistes parallèles distantes de quelques mètres, l'une faite par des chameaux, l'autre par des piétons. C'est par là qu'ont dû passer les Iguellad pour se rendre à Ougoukoré ; il y a des chances pour qu'ils reviennent par le même chemin. Le sous-lieutenant indigène Sadioka, avec sa section et 2 spahis, est placé en embuscade derrière un petit monticule situé près des pistes. Le reste du détachement continue sa marche jusque près du lac de Fati pour intercepter le deuxième chemin que pourrait prendre l'ennemi et qui se trouve entre le lac et la montagne.

Ces dernières troupes étaient à peine en place, lorsque vers midi, la section Sadioka voit arriver les Iguellad chargés de butin. Les tirailleurs se mettent en ligne sur la crête du monticule sans être vus. Ils n'ouvrent le feu que lorsque l'ennemi est à bonne portée. Aux premiers feux de salve, quelques hommes sont touchés, les autres mettent pied à terre, font agenouiller leurs chameaux et veulent charger sur nos tirailleurs. Ceux-ci poussent en avant et dispersent les Iguellad dans toutes les directions, mais surtout du côté de la montagne. Le capitaine Gérard accourt aux premiers coups de fusil. Il arrive à temps pour tirer sur le groupe qui fuyait vers la montagne ; les spahis le chargent et peuvent en tuer quelques-uns.

L'ennemi est en pleine déroute, laissant sur le terrain 45 morts. Tout le butin emporté par les Touareg a été rendu aux gens d'Ougoukoré, 9 chameaux ont été ramenés à Goundam, ainsi que 2 fusils mod. 1874 pris à l'ennemi.

Cet échec a terrifié les Touareg. Iguellad et Kel-Antassar se sont depuis lors tenus tranquilles.

Campés autour du lac de Fagnibine, les Touareg peuvent, en partant soit de Daouna, soit de Farasch, faire des incursions dans le Tioki, le Killi et le Kissou. Montés sur des chameaux, ils parcourent la nuit une grande distance, ce qui leur permet de tomber à l'improviste sur les villages les moins éloignés de leurs campements, de les piller et de s'enfuir généralement avant que le poste de Goundam ait eu le temps d'être prévenu et d'envoyer des troupes en temps utile. Tant qu'on n'aura pas obligé les Iguellad à abandonner les bords du lac de Fagnibine ou à faire leur soumission, les populations de quelques villages au nord du Tioki, du Killi et du Kissou ne seront pas tranquilles.

Pour réduire cette tribu, il serait nécessaire de faire autour du lac une colonne dont la durée serait de 20 à 30 jours. La grosse chaleur et les tornades ne permettent pas de l'entreprendre en été. Mais il sera facile de le faire à partir du mois d'octobre.

Pour le moment, on a cru pouvoir assurer la tranquillité du pays et permettre aux habitants de faire leurs cultures en prenant les mesures suivantes :

4 postes provisoires ont été installés entre Tombouctou et Goundam, à Tassakant, El-Massara, Douékéré et Djinjin. Ils sont protégés par une épaisse haie d'épines et contiennent des abris en paille. Des détachements de faible effectif peuvent ainsi y passer la nuit sans avoir de surprise à craindre ; ils y trouveront des abris contre la cha-

leur pendant le jour. On peut donc, sans fatiguer les troupes, faire circuler souvent des détachements entre Goundam et Tombouctou et empêcher les Iguellad de faire des incursions en bande dans le Killi et le Kissou.

D'un autre côté, le poste de Goundam possède des pirogues en quantité suffisante pour transporter un peloton d'infanterie. Il peut donc, lorsqu'un campement touareg lui est signalé sur le bord du lac, y transporter une force suffisante pour le détruire. Les Iguellad font boire leurs troupeaux et font d'importantes cultures sur les bords de ces lacs. Ils sont vulnérables par là et le poste de Goundam peut leur faire beaucoup de mal sans imposer de longues fatigues à ses troupes.

Expédition contre les Kel-Temoulaï.

Bien qu'Assalmi, chef des Irreganaten, ait répondu par une fin de non-recevoir aux avances de Ngouna et que les Kel-Temoulaï aient jusqu'ici toujours fait cause commune avec les Irreganaten, une cinquantaine de Kel-Temoulaï ont franchi le fleuve le 20 juin à Billasao, et ont atttaqué à 8ʰ du soir un campement de Bérabiche, à quelques kilomètres au nord-est de Kabara. Ils leur ont pris un millier de moutons et leur ont tué une dizaine d'hommes. Le poste de Kabara, prévenu à 1ʰ, a envoyé à 2ʰ du matin 20 spahis avec un groupe de Bérabiche à leur poursuite. On n'a pas pu joindre les pillards ; mais ceux-ci, se sachant poursuivis, ont, dans leur course rapide, laissé traîner la moitié du troupeau volé, qui a été reprise par les Bérabiche.

Après cette incursion, il était nécessaire d'infliger une leçon aux Kel-Temoulaï, d'abord pour les empêcher de recommencer, puis pour nous attacher complètement les Bérabiche, qui nous avaient jusqu'ici rendu de réels services et peuvent nous en rendre de nombreux à l'avenir. Une colonne composée de la 5ᵉ compagnie de Soudanais, 20 spahis et 30 Bérabiche armés de fusils, a été placée sous les ordres du capitaine Puypéroux. Là première partie, commandée par le sous-lieutenant Bluzet et comprenant un peloton d'infanterie, les 20 spahis et 30 Bérabiche, est partie le 26 à 4ʰ du matin de Kabara et est allée coucher à Billasao. La deuxième partie (1 peloton d'infanterie), sous les ordres directs du capitaine Puypéroux, est partie en pirogues le même jour à midi. La jonction des deux groupes s'est faite à Billasao.

Le passage du Niger a commencé le 27 à 5ʰ du matin avec les pirogues amenées ; il était terminé à 7ʰ. La colonne se met aussitôt en marche, guidée par les Bérabiche. Elle rencontre à midi, près d'Aghélal, les campements des Kel-Temoulaï, évacués précipitamment. On procède à la poursuite, les spahis courant après les fuyards, et les Bérabiche ramassant le butin et les objets abandonnés en grande quantité. 16 Touareg sont tués ; on fait une centaine de prisonniers.

L'ennemi étant dispersé dans la brousse dans toutes les directions, on ne peut plus l'atteindre et on établit le campement à 3 km à l'est d'Aghélal. A 9ʰ du soir, après une forte tornade, un groupe de Touareg à cheval viennent rôder autour du camp. Ils sont reçus à coups de fusil. Deux d'entre eux viennent jusque sur la haie d'épines qui enclôt notre camp. L'un est désarçonné et son cheval est pris. L'autre, chef des Kel-Temoulaï, parvient à s'échapper.

La colonne part le 27 à 7ʰ du matin. Elle repasse le fleuve à Billasao et arrive à Tombouctou le 28 au soir. Le butin a été distribué en grande partie aux Bérabiche pour les dédommager des pertes que les Kel-Temoulaï leur avaient fait subir dans la nuit du 20 au 21.

Il est à présumer que les Touareg de la rive droite (Irreganaten et Kel-Temoulaï) ne recommenceront pas au moins de quelque temps, de pareilles incursions. Pour les leur rendre plus difficiles, les chalands de la flottille se tiendront à Koriumé, où ils sont d'ailleurs nécessaires

pendant l'été pour protéger les pirogues de Tombouctou.
Dès qu'un parti de Touareg serait signalé comme ayant
traversé le fleuve, il suffirait d'envoyer un ou deux chalands, tenus toujours prêts à partir pour capturer les pirogues des pillards et leur couper la retraite. Comme un
coup de main leur demande toujours un temps assez long,
24 heures au moins, on pourra le plus souvent envoyer
les chalands en temps utile. Et les Touareg, le sachant,
se tiendront vraisemblablement tranquilles.

CHAPITRE VI

COMMUNICATIONS

Communications fluviales.

La communication fluviale avec Mopti est assurée par les postes de El-Oualedji, Saraféré et Gourao.

Le poste d'El-Oualedji, à 35 km environ de Goundam, relie ce dernier au fleuve. Placé en face la pointe de Safay, il permet de surveiller les deux bras du Niger. Ce poste, placé momentanément un peu loin de tout centre habité, a demandé au capitaine Philippe, chargé de son installation, du travail et de l'initiative. La forte haie d'épines qui forme sa défense et les cases en paille destinées à loger Européens et indigènes sont terminées.

Saraféré a une grande importance. C'est un centre commercial d'où partent et où passent presque toutes les denrées destinées à l'alimentation de Tombouctou et des tribus sahariennes qui viennent s'y approvisionner. Le capitaine Gautheron a mis provisoirement en état de défense et aménagé un groupe de cases du village. Ce travail est actuellement achevé, mais après l'hivernage il y aura lieu de se préoccuper de la construction d'un poste.

Communications télégraphiques.

Actuellement, la ligne télégraphique de Kayes s'arrête à Ségou, et les télégrammes sont portés en pirogue de ce dernier poste à Tombouctou. La durée du trajet n'est jamais descendue au-dessous de 10 jours et est en moyenne de 12 jours. Il y a là un grand inconvénient auquel il importe de porter remède le plus rapidement possible.

En raison des inondations du fleuve, il est impossible d'installer une ligne télégraphique aérienne près du Niger. Il faut qu'une pareille communication contourne les terrains inondés. Si on voulait passer par la rive droite, il faudrait, avant d'arriver à Tombouctou, traverser le Niger qui, pendant les hautes eaux, a 40 km de largeur en cet endroit. C'est donc là encore un tracé impraticable.

Le seul qui soit réalisable devra passer par la rive gauche et suivre, dans sa direction générale, le chemin parcouru par la colonne Joffre, en contournant au nord les lacs alimentés par les hautes eaux du Niger. Mais ce tracé parcourt une grande étendue de pays inhabités qui n'offrent en ce moment aucune sécurité et dans lesquels on ne pourra construire la ligne et surtout la surveiller efficacement que lorsque les tribus situées au nord de Diartou, Soumpi, Goundam auront été tout à fait réduites.

Pour le moment, il convient de chercher une autre solution et il semble que la télégraphie optique pourra la fournir. De la montagne de Goundam, on voit El-Oualedji. Peut-être pourra-t-on voir aussi Saraféré, ou tout au moins le sommet d'une dune rapprochée de ce dernier point. De Saraféré, on pourra communiquer avec la montagne du lac Dhébo au moyen d'un ou de plusieurs postes intermédiaires. Enfin, de cette montagne, on voit celle de Bandiagara, qui pourra fournir des points intermédiaires pour aller vers Ségou.

Service topographique.

Un ordre a prescrit l'établissement, dans chaque poste, de deux cartes : l'une à 1/100 000 des environs du poste, dressée à l'aide des itinéraires rapportés par les différentes reconnaissances ; l'autre à 1/500 000 de la région, dressée par renseignements. Cet ordre n'a pu, faute de moyens et de personnel, être jusqu'à présent mis à exécution qu'à Tombouctou. M. le sous-lieutenant Bluzet, chargé de ce travail, a pu, à l'aide d'itinéraires et de nombreuses reconnaissances terrestres et fluviales parties soit de Tombouctou, soit de Goundam, et des renseignements recueillis dans ces deux postes, établir une carte de la région. Cette carte, bien qu'encore imparfaite, est suffisante pour donner une idée assez exacte du pays au point de vue topographique ainsi qu'au point de vue politique. Les planches I et II qui sont jointes à la présente relation ont été établies d'après le travail de cet officier.

Situation au 10 juillet 1894.

A la date du 10 juillet, la situation est la suivante :

Au point de vue militaire, les postes créés sont en bonne voie d'installation et tous sont en état de défense.

Au point de vue politique, toute la population sédentaire de la région a fait sa soumission. Parmi les nomades, les Bérabiche et les Kounta d'un côté, les Igouadaren et toutes les petites tribus berbères de l'autre, ont reconnu notre autorité. La soumission de ces différentes peuplades étend notre sphère d'influence jusqu'au delà d'Araouane par les Bérabiche et jusqu'à 250 km à l'est de Tombouctou, par les Igouadaren et les Kounta, qui sont aux chutes de Tosaye.

Les quatre tribus touareg que nous avons combattues (Tengueriguif, Irreganaten, Kel-Temoulaï et Iguellad) ne se sont pas encore complètement rangées sous notre autorité. Néanmoins, les Tengueriguif, presque anéantis, ont essayé à plusieurs reprises de savoir si leur demande de soumission serait bien accueillie. Au dernier moment, leurs envoyés sont venus à Tombouctou faire des propositions de paix.

Le chef des Irreganaten, après avoir cherché, comme intermédiaires auprès de nous, les Kounta, puis Aguibou, a fini par écrire directement à Tombouctou pour demander l'aman.

Les Kel-Temoulaï, qui sont peu nombreux et ont associé leur sort à celui des Irreganaten, suivront vraisemblablement ceux-ci dans leur soumission.

Quant aux Iguellad, ils se tiennent tranquilles depuis leur échec de Fati (9 juin). La tribu entière désire la paix. Dans ces conditions, le chef des Bérabiche, Oueld-Mehemmed, pourra peut-être arriver à décider Ngouna, le seul partisan de la guerre, à se soumettre. Néanmoins, des mesures ont été prises pour mettre les populations soumises à l'abri des nouvelles incursions que pourrait tenter cette tribu.

TABLE DES MATIÈRES

CHAPITRE IV. — *Ethnographie.*

CHAPITRE V. — *Opérations contre les Touareg.*

CHAPITRE VI. — *Communications.*

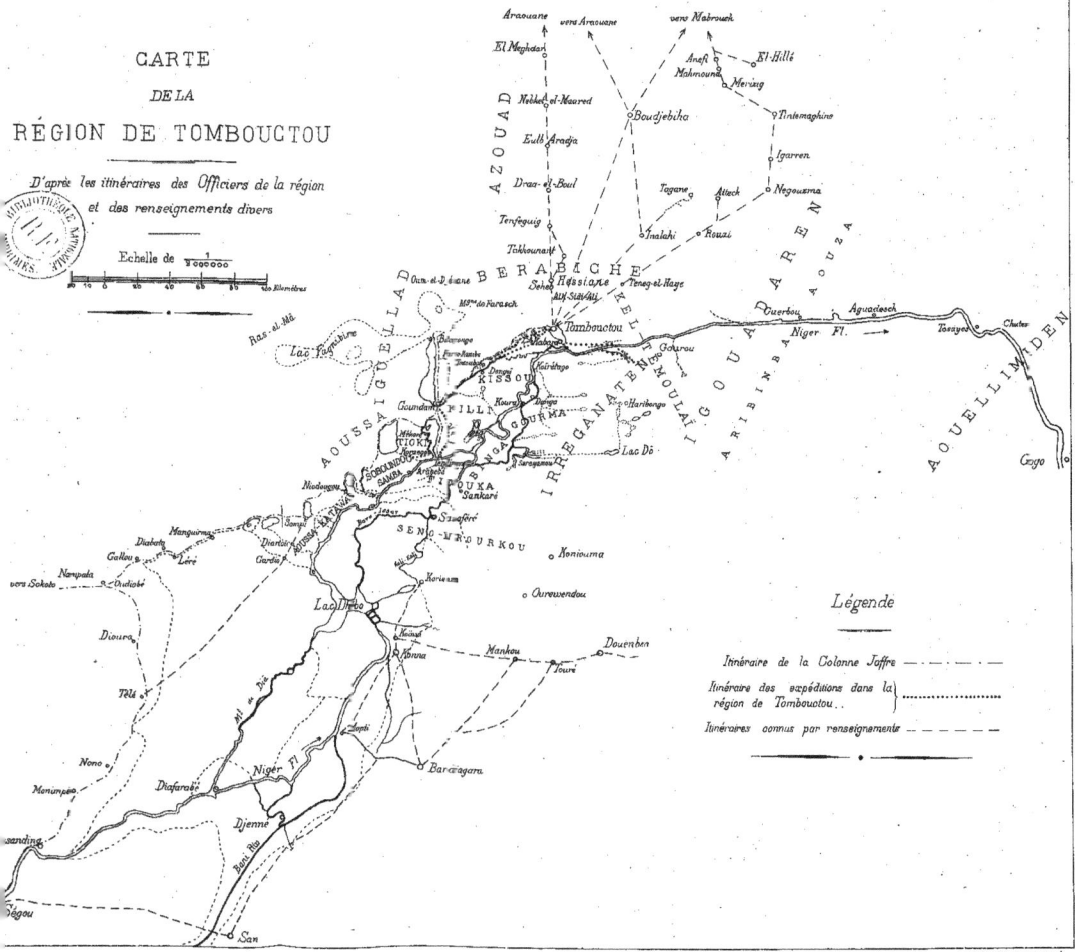

CARTE

DE LA

RÉGION DE TOMBOUCTOU

*D'après les itinéraires des Officiers de la région
et des renseignements divers*

Echelle de $\frac{1}{5\,000\,000}$

50 40 30 20 10 0 50 100 150 Kilomètres

Araouane   *vers Araouane*   *vers Mabrouch*

El Meghdan   Aneft   El-Hillé
Mahmouna   Meriag

Nebbel-el-Maured   Boudjebiha   Tintemaghine

A Z O U A D

Eull Aradja   Igarren

Draa-el-Boul   Tagane   Atteck   Negouzma

Tenfeguig

Tekkounault   Inalahi   Rouzi

B E R A B I C H E

Oum-el-Dzama   Sehris Hassiane   Teneg-el-Hage
Md du Farasch   Aïn-Sia-Ali

AOUSSA IGUELLAD   Tombouctou

Ras-el-Ma   Lac Faghibine

Gotrou

KISSOU

Kaïrango

Dinagi   Niger Fl.   Aguadesch

FILLI   Koura   Dinga

Goundam   Haribongo

TIOKI   Lac Dô

GORGOL-IDOU   GAMBA   Arboudi

Niadougou   OUKA   Sankaré

Sompi   DUXA   Saasafèré

Diabaly   Manguima   SENC M'BOURKOU

Gallou   Léré   Diantièr   Koniouma

vers Sokoto   Nampala   Gardié   Karienm

Dioura   Lac Dboo   Ourewendou

Niokal   Mankau   Douenben

Téli   Konna   Touri

Nono

Manimpeo   Diafarabé   Sapti

Niger Fl.

sanding   Djenne   Bar-a-ragan

Bani Fle.

gou   San

I G O U A D A R E N

ARIBINBA IOUZA

A O U E L L I M I D E N

Gogo

Tosayes   Chutes

Légende

Itinéraire de la Colonne Joffre ....

Itinéraire des expéditions dans la
région de Tombouctou ..

Itinéraires connus par renseignements -- -- --

HANOY, BERGER-LEVRAULT & Cie

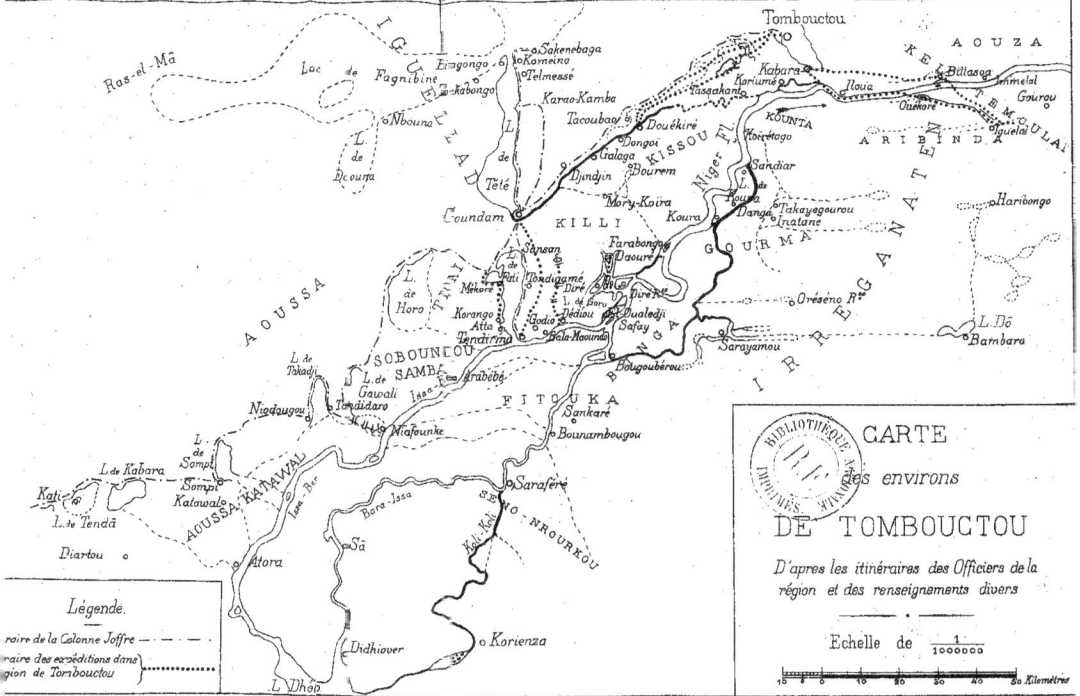

EXPEDITION DE TOMBOUCTOU

Planche II

CARTE des environs

DE TOMBOUCTOU

D'après les itinéraires des Officiers de la
région et des renseignements divers

Echelle de $\frac{1}{1000000}$

Légende.

...raire de la Colonne Joffre — · — · —
...raire des expéditions dans
...gion de Tombouctou ....

NANCY, BERGER - LEVRAULT & Cie

PLAN
DE
TOMBOUCTOU
————×————

D'après le lever de
M. BLUZET

Sous-Lieutenant d'Infanterie de Marine

Légende

Cases en paille
Constructions en terre

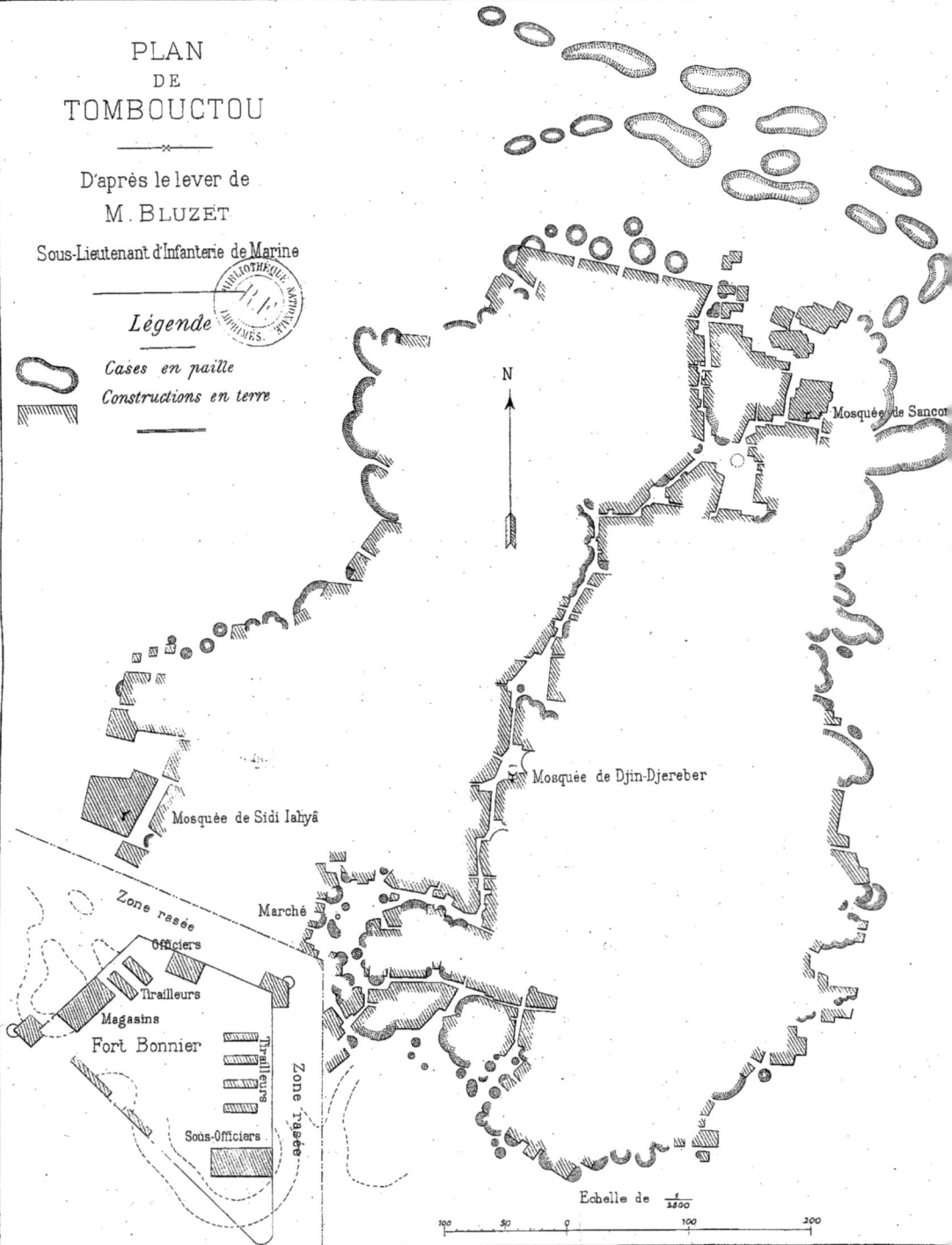

N

Mosquée de Sanco

Mosquée de Djin-Djereber

Mosquée de Sidi Iahyâ

Marché

Zone rasée

Officiers
Tirailleurs
Magasins
Fort Bonnier
Tirailleurs

Zone rasée

Sous-Officiers

Echelle de $\frac{1}{8800}$

100   50   0   100   200

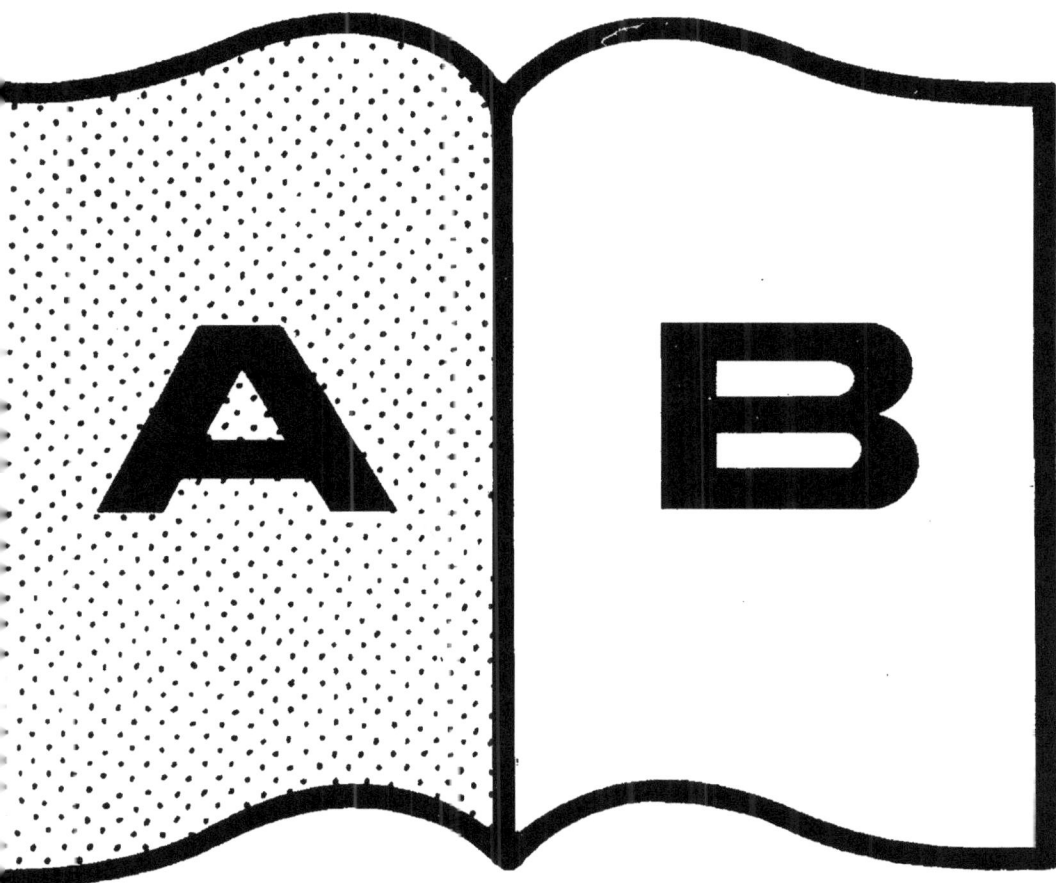

Contraste insuffisant

NF Z 43-120-14